KB272517

마음의 대물림

마음의 대물림

부모의 감정은
어떻게
아이의 삶이 되는가?

조민희 지음

보아스 BOAZ

부모의 감정은
아이가 세상을 바라보는
창이 됩니다

1997년 겨울, IMF의 거센 물결 속에서 아버지의 사업도 휘청거렸습니다. 풍족했던 생활을 뒤로하고 우리는 가진 것을 하나씩 내려놓으며 작은 집으로 이사해야 했습니다.

작은 집에서 맞은 첫날 밤, 아버지가 제 손을 꼭 붙잡고 말씀하셨습니다.

"민희야, 불안해하지 않아도 돼. 위기는 누구에게나 찾아와. 아빠가 어떻게 이겨내는지 지켜봐. 멋지게 보여줄게."

그 말은 제 마음속에 꺼지지 않는 불씨가 되었습니다. 집은 작아졌지만, 우리는 서로를 더 단단히 붙잡았습니다. 그리고 결국 다시 일어섰습니다.

하지만 몇 년 뒤, 또 한 번의 위기가 찾아왔습니다. 어느 아침, 거울 앞에 선 아버지의 표정이 낯설게 굳어 있었습니다. "몸이 이상해." 그 말과 함께 아버지는 쓰러지셨습니다. 뇌경색이었습니다. 팔과 다리에 마비가 오고, 언어를 잃으셨으며, 심지어 저를 알아보지 못하셨습니다.

그날 병실에서 아버지의 손을 잡고 있던 저는 작은 집에서 들었던 그 말을 떠올렸습니다. 그리고 이번에는 제가 이렇게 말씀드렸습니다.

"아빠, 불안해하지 마세요. 이번에는 제가 보여드릴게요."

위기 속에서도 무너지지 않는 힘, 그것은 바로 "불안해하지 않아도 돼"라는 한 마디에서 시작된다는 것을 그때 깨달았습니다. 10개월 뒤 아버지는 모두가 기적이라 부를 만큼 회복되어 두 발로 집에 돌아오셨습니다.

좋은 부모란 무엇일까요? 좋은 교육이란 어디서부터 시작되는 걸까요?

저는 그 해답의 시작점이 '아이의 마음'이 아니라 '부모의 마음'이라고 생각합니다. 부모가 자신의 감정을 제대로 이해하고 흔들리는 마음의 방향을 스스로 다잡을 수 있을 때 비로소 아이와의 대화도, 훈육도, 사랑도 진정으로 시작됩니다.

저는 20년 가까이 한자리에서 수천 명의 아이와 부모를 만나왔습니다. 5년, 10년, 15년 이상을 함께한 아이들의 마음을 오랜 기간 곁에서 지켜보며 다음과 같은 한 가지 사실을 확신하게 되었습니다. '감정은 교육에서 가장 먼저 반응하고, 가장 나중까지 남는 힘이다.'

부모가 어떤 감정으로 아이를 바라보느냐에 따라 같은 행동도 다르게 해석되고, 같은 상황도 전혀 다른 결과를 만들어냅니다. 아이의 실수를 꾸짖는 순간에도 감정을 읽는 눈이 있다면 그 안에 담긴 두려움이나 서운함을 함께 볼 수 있습니다.

그러면 훈육은 상처가 되지 않고, 대화는 단절이 아닌 연결이 됩니다. 저는 아이들이 감정을 말로 꺼내기까지 얼마나 많은 시간이 걸리는지를, 그리고 그 시간이 얼마나 소중한지를 누구보다 가까이에서 지켜봐왔습니다. 감정은 훈련으로 끌어낼 수 있는 것이 아니라 관계 속에서 이해받는 경험으로 피어나는 것임을 아이들과 함께한 수많은 시간 속에서 배워왔습니다.

또한 부모의 감정은 아이에게 조용히 전해집니다. 말로 가르치지 않아도 아이는 부모의 마음을 느끼며 자라나고, 그 감정은 어느새 아이가 세상을 바라보는 방식이 됩니다.

이 책은 그 경험의 기록입니다. 아이를 기르며 길을 잃은 부모가 다시 방향을 잡을 수 있도록, 아이의 행동 뒤에 숨은 마음을 함께 들여다볼 수 있도록, 그리고 그 마음을 통해 부모와 아이가 다시 연결될 수 있도록 현장에서 깊이 체험하고 깨달은 것들을 고스란히 담았습니다.

이 책이 나도 알지 못했던 내 자신의 감정을 깊이 들여다보고, 어떤 마음가짐으로 아이를 대하고 성공적인 길로 이끌어줄 수 있는지 안내해주는 하나의 길잡이가 되어줄 것입니다.

제4장

아이에게 삶에서 중요한 정서와 태도를 길러주는 법

아래의 체크리스트는 부모를 평가하거나 정답을 가려내기 위한 것이 아닙니다.

이 책을 읽기 전, 지금 내가 내 아이에게 어떤 태도로 대하는지를 스스로에게 묻기 위한 질문입니다.

최근의 내 모습과 더 가까운 것에 부담 없이 표시해보세요. (모두 체크하지 않아도 괜찮습니다.)

내 아이를 대하는 나의 마음을 살피는 체크리스트

- ☐ 아이가 힘들다고 말할 때, 이유를 묻기보다 해결책이 먼저 떠오른다.
- ☐ 아이의 행동을 보면, 그 행동 뒤의 감정보다 결과가 먼저 보인다.
- ☐ 아이의 감정을 들을 때, 공감보다 방향을 바로잡고 싶어질 때가 많다.
- ☐ 아이가 같은 문제로 반복해서 힘들어하면 점점 인내심이 줄어드는 나를 느낀다.

□ 아이가 반응이 느릴 때, 기다려주기보다 답답함이 먼저 올라
　　온다.

□ 아이의 말이 끝나기 전, 이미 내가 할 말을 준비하고 있을 때
　　가 있다.

□ 아이에게 "왜 그랬어?"라는 질문을 이해를 위해서보다 설명
　　을 요구하는 의미로 쓸 때가 있다.

□ 아이가 울거나 화를 낼 때, 감정을 다루기보다 상황을 빨리 정
　　리하고 싶어진다.

□ 아이가 힘들어할 때, 그 감정을 충분히 겪기보다 빨리 지나가
　　길 바랄 때가 있다.

이 체크리스트에는 점수도, 결과도, 유형도 없습니다.

표시한 문장들은 부족함의 증거가 아니라 아이를 진심으로 잘 키우고 싶다는 마음이 가장 많이 흔들리는 지점입니다.

부모라면 누구나 아이를 잘 키워야 한다는 책임감, 뒤처지면 안 될 것 같은 조급함, 지금 바로 바로잡지 않으면 더 어려워질 것 같다는 두려움을 갖게 됩니다.

이 책은 그 마음이 잘못된 것이라고 부정하지 않습니다. 다만 그 답을 아이에게서 찾기보다 부모가 자신의 감정을 먼저 돌아보는 질문을 통해 찾고자 합니다. 부모의 태도와 감정이 아이의 정서와 삶의 방향에 어떤 영향을 남기는지, 그 과정을 구체적인 이야기 속에서 보여주고자 합니다.

이제부터의 이야기는 그 질문에서 시작됩니다.

아이의 삶을
성공으로 이끄는
부모의 마인드셋

내가 믿는 정답이
아이에게도 정답일까?

부모는 때때로 "내가 옳다"는 믿음으로 아이를 이끈다. 사랑이라는 명분으로 과거의 방식이 정답이라고 생각한다. 한 아버지 역시 그러했다. 그는 다음과 같은 신념을 갖고 있었다. '나는 그렇게 자랐고, 지금까지 잘 살아남았다.'

하지만 어느 날, 딸아이가 건넨 한 마디가 그의 모든 믿음을 무너뜨렸다. "아빠는 내 마음을 몰라." 그제야 그는 아이에게 필요한 건 해결책이 아니라 마음을 알아주는 사람이었다는 사실을 깨닫게 되었다.

이 아버지는 부모의 엄격한 훈육 속에서 자랐고, 그 방식이 자신을 만든 것이라고 믿었다. 그는 언제나 삶에서의 성취와 결과를 중시했고, 감정보다는 이성으로 문제를 해결하는 편이 옳다고 여겼다. 그래서 자녀에게도 자신의 신념을 똑같이 적용하려고 했다.

어느 날, 딸아이가 학교에서 돌아와 눈물을 흘리며 말했다. "아빠, 친구가 나를 싫어하는 것 같아." 그는 곧바로 대답했다. "그런 친구는 중요하지 않아. 또 다른 친구를 사귀면 되지. 그런 일로 속상해할 필요가 없어."

그의 말은 아이의 진심을 꺼내기보다 덮어버리는 말이 되었다. 그날 이후 아이는 점점 감정을 드러내지 않았다. 며칠 뒤, 그 아버지는 담임 선생님으로부터 전화를 한 통 받았다. 아이가 또래들과 잘 어울리지 못한다는 이야기였다. 걱정이 커진 그는 몰래 아이의 일기장을 펼쳐 보았고, 거기엔 이렇게 적혀 있었다. '아빠는 내 마음을 이해하지 못해. 나는 항상 혼자인 것 같아.' 그제야 그는 자신의 교육 방식이 오히려 아이를 외롭게 만들었다는 사실을 깨달았다.

그는 조심스럽게 아이에게 다가갔다. "아빠가 네 마음을 잘 몰랐어. 미안해. 너의 마음속 이야기를 듣고 싶어." 시간이 걸렸지만, 아이는 조금씩 마음을 열기 시작했다. 그리고 그는 진심으로 듣는 법을 배워갔다. 그는 아이의 문제를 해결하기 전에 아이의 감정을 이해하는 것이 부모가 가장 먼저 해야 할 일임을 비로소 알게 되었다.

아이의 마음을 놓치고 나서야 뒤늦게 돌아보게 되는 것은 이 아버지에게만 있는 일이 아니다. 많은 부모가 이렇게 말한다. "내 아이는 잘 따라오고 있다고 믿었어요." 하지만 겉으로는 순응하는 것처럼 보이는 아이조차 마음속에서는 전혀 다른 목소리를 품고 있는 경우가 많다.

내 친구의 이야기다. 외국어 실력이 뛰어나고 노력파인 친구는 부모님이 정해준 외교관이 되기 위한 길을 성실히 걸어갔다. 학원에 다니고, 대회에 나가고, 밤늦게까지 공부하며 늘 최선을 다했다. 그녀는 겉으로 보기에는 뭐든 잘 해내는 모범생이었다.

그녀는 고등학교에 입학하고 나서 우연히 글쓰기 동아리에 들어갔다. 그 시간은 그녀에게 단순한 취미가 아니었다. 그녀는 자신의 감정과 생각을 말로 표현하는 시간 속에서 처음으로 '이것이 진짜 나'라는 느낌을 받았다. 그녀는 글을 쓰는 동안 자신 안에 숨겨져 있던 마음을 발견했고, 그것이 자신을 숨 쉬게 해주는 길이라는 것을 깨달았다.

그녀는 용기를 내어 부모님께 자신의 마음을 조심스럽게 전했지만, 돌아온 대답은 단호했다.

"그건 그냥 취미로 하는 거야. 외교관이 돼야 넓은 세상에서 기회를 잡을 수 있어."

그 말을 들은 친구는 다시는 입 밖으로 마음속 이야기를 꺼내지 않았고, 글쓰기에 대한 열정도 점점 작아져갔다.

시간이 흘러 친구는 결국 부모님이 원하던 길을 따라 외교관이 되었다. 그녀는 겉으로는 성공한 사람처럼 보였는데, 어느 날 나를 찾아와 이렇게 말했다. "남들이 보기엔 성공한 것처럼 보여도… 내가 진짜 하고 싶었던 걸 하지 못했기 때문에 지금도 내 안의 어떤 부분은 여전히 멈춰 있는 것 같아." 친구는 비로소 자신이 진정 원하는 삶에 대한 길을 찾기 시작하고 있었다.

아이의 감정을 억누르는 방식이 반복되면 그 결과는 단지 '억울함'이나 '불만'에 머무르지 않는다. 자신의 감정을 말할 수 없는 아이는 점차 자존감을 잃어가고, 나중에는 자신이 무엇을 좋아하는지조차 알기 어려워진다.

하버드 의대 심리학자 수전 데이비드는 《감정이라는 무기》에서 감정을 억누르지 말고 있는 그대로 바라보라고 강조했다. 그녀는 감정을 피하거나 통제해야 할 대상으로 보지 않고, 지금 내 삶에서 무엇이 중요한지를 알려주는 '정보'로 이해해야 한다고 말했다. 감정을 존중하는 태도는 아이가 자신의 마음을 이해하고 타인과 관계를 맺는 방식에 깊은 영향을 준다.

많은 부모가 이렇게 말한다. "나는 이렇게 자랐고 괜찮았어요."

하지만 그 익숙한 방식이 진짜 정답인지, 혹은 단지 내가 배워 온 경험을 반복하고 있을 뿐인지 스스로에게 다시 물어볼 필요가 있다. 많은 부모가 자신의 과거 경험을 바탕으로 양육의 정답을 정해버리는 경향이 있다. 그러나 그 경험은 특정 시대와 환경에서 유효했던 방식일 뿐, 지금의 아이에게도 그대로 맞는 방법이라고 단정할 수 없다.

심리학에서는 이런 모습을 '부적응적 대처 패턴'이라고 설명한다. 어린 시절의 환경에서 나를 지켜주기 위해 형성됐던 방식이 부모가 된 지금에는 오히려 아이의 성장을 가로막는 장애물이 될 수 있다는 의미다. 그때의 나는 그 방식으로 버텨야만 했지만, 지금의 아이는 전혀 다른 세계에서 전혀 다른 니즈를 가지고 살아간다.

우리는 종종 '정답'이라고 믿어온 방식에 대해 의문을 품기 어려워한다. 그 방식이 내 삶에서는 살아남기 위한 전략이었기 때문이다. 그러나 심리학에서는 이러한 전략 중 상당수가 사실 방어기제에서 비롯된 것이라고 말한다. 과거의 상처와 불안으로부터 나를 보호해줬던 심리적 장치가 지금은 아이의 감정을 이해하기보다 통제하려는 방향으로 작동하기도 한다.

이러한 사실을 인정하는 일은 쉽지 않다. 부모로서의 나를 다시 들여다보아야 하고, 익숙하게 사용해온 양육 방식을 내려놓아야 하기 때문이다. 그러나 그 진실을 외면하면, 부모는 아이의 마음을 읽기보다 내가 아는 방식으로 아이를 설계하려고 한다. 그러나 아이의 감정과 행동을 새로운 정보로 받아들이는 순간, 비로소 부모의 감정도 더 자유로워지고, 아이의 세계도 더 넓게 열리기 시작한다.

전 유튜브 CEO 수전 워치츠키는 인터뷰에서 이렇게 말했다. "나는 어릴 적부터 부모님이 내 결정을 존중해준 덕분에 스스로 생각하는 법을 배웠어요. 부모가 이미 답을 정해놓았다면, 저는 아마 제 안의 목소리를 끝까지 듣지 못했을 거예요."

수전의 부모는 아이가 무엇을 원하고 무엇을 생각하는지를 묻고 그것을 존중해주었다. 그리고 그 태도가 결국 아이에게 자기 결정력과 진짜 자율성을 남긴 것이다. 아이마다 좋아하는 것이 다르고, 살아가는 속도도 다르다. 중요한 점은 그 아이가 자기 마음을 끝까지 따라가볼 수 있도록 곁에서 적극 지지해주는 일이다. 아이들 중에는 너무 조용해서, 너무 천천히 움직여서 오해를 받는 아이들도 있다.

느린 기질을 가진 한 아이가 있었다. 그 아이는 숙제도, 놀이도 느리게 했고, 또 말하는 속도도 또래보다 느렸다. 어머니는 자식의 그러한 느림이 답답했다. 어느 날, 아이가 친구들과 어울리지 못하는 모습을 본 뒤 그 어머니는 결국 감정을 터뜨리고 말았다. "왜 이렇게 느려? 그러다 친구들도 너랑 안 놀게 돼!"

아이의 눈에는 금세 눈물이 고였다. 지켜보던 아버지가 조용히 말했다. "이 아이는 그냥 느린 게 아니라 자기만의 속도로 세상을 보고 있어. 우리는 그걸 함께 지켜봐야 해!"

그 아이의 아버지는 아이가 오랫동안 좋아해왔던 손으로 무언가를 그리는 일이 아이에게 힘이 될 수 있을 거라고 생각했다. 어머니는 처음에는 망설였지만, 아이가 그림을 그리는 순간만큼은 행복해하고 느리지도 않은 모습을 보고 '이 아이도 즐거움을 느끼고 있었구나'라고 생각이 달라졌다.

그 이후 어머니는 다그치기보다 아이의 속도에 맞추는 법을 배워갔고, 아이 역시 더 자신감 있게 자신의 세상을 그려나갔다.

아이의 변화는 부모가 기준을 바꾼 순간부터 시작되었다. 아이와 부모의 관계는 무엇이 옳은지보다 아이에게 맞는 것이 무엇인지를 묻기 시작했을 때부터 달라지기 시작했다. 모든 부모는 아이에게 도움이 되고 싶어 한다. 그래서 자신이 알고 있는 것을 알려주고, 자신이 살아온 방식을 전해주는 것이 사랑이라고 믿는다. 하지만 아이에게 진정으로 도움이 되는 사랑은 정답을 제시하는 것이 아니라 아이에게 맞는 답을 함께 찾아가는 태도라고 할 수 있다. 부모가 자신의 경험을 내려놓고 아이의 마음을 먼저 들어주는 순간에서부터 아이는 비로소 자신의 속도로 살아갈 수 있게 된다. 정답을 말해주는 대신 질문을 건네고, 길을 보여주는 대신 옆에서 함께 걸어주는 배려가 아이에게는 세상에서 가장 든든한 동행이 될 수 있다.

부모로서 자신에게 이런 질문을 던져보자. '내가 믿는 정답은 과연 아이에게도 정답일까?'

부모는 자신의 경험을 근거로 아이를 기르고자 하지만, 때때로 그것은 아이의 마음을 가로막는 벽이 되기도 한다. 아이들은 저마다 다른 기질과 감정을 지니고 있기에 자신이 했던 방식이 지금의 아이에게 반드시 옳은 것은 아니다.

진짜 정답은 내가 옳다는 확신을 잠시 내려놓고 아이의 마음에 먼저 귀 기울이는 것이다. 감정을 듣고, 기질을 이해하고, 아이의 속도에 맞춰 함께 걸어가는 것이 때로 돌아가는 것처럼 느껴질 수도 있다. 하지만 그것이 아이에게는 자신을 잃지 않고 성장할 수 있는 가장 단단한 길이 된다. 그리고 그 길을 함께 걷는 부모에게는 내 아이를 진정으로 알아가는 새로운 기쁨이 기다리고 있을 것이다.

내가 들었던 말들을
아이에게 하고 있지 않은가?

"으이그! 왜 그렇게 하는 거야! 제대로 하라고 했잖아!" 숙제를 하다 실수한 아이에게 엄마는 순간적으로 목소리를 높였다.

그러자 아이가 울먹이며 말했다. "엄마는 왜 맨날 그렇게 말해?"

엄마는 마음은 도와주고 싶은 심정이었지만, 마음과 다르게 감정이 말로 튀어나오고 말았다. 아이가 잠든 밤, 엄마는 거실 소파에 앉아 조용히 생각에 잠겼다.

'나는 왜 그렇게 말했을까. 도와주고 싶었는데, 왜 자꾸 몰아붙이게 될까. 아이에게 잘해주고 싶은 마음은 분명한데, 왜 결국 상처만 남는 걸까.'

그때 머릿속에 오래된 기억이 떠올랐다. "도대체 왜 이렇게 게으르니." "빨리빨리 좀 해!" "제대로 해야지, 이게 뭐야!"

그 언어와 말투는 어릴 적 부모님이 자신에게 하던 말과 하나도 다르지 않았다. 듣고 싶지 않았던 그 말들이 이제는 너무나 자연스럽게 자신의 입에서 흘러나오고 있었다. 그 순간, 엄마는 생각했다. '지금 나는 아이와 진짜로 대화하고 있는 걸까, 아니면 예전에 내가 들었던 그 말들을 아무 생각 없이 되풀이하고 있는 걸까?'

심리학 연구에서는 부모가 아이에게 어떤 말로 반응해왔는지가 아이의 정서 발달과 대화 방식에 깊은 영향을 준다고 말한다. 심리학자 존 가트맨은 부모가 감정을 바라보고 다루는 태도를 '메타-감정 철학'이라고 부르며, 이 태도가 아이의 정서 조절 능력과 관계 형성에 직접적인 영향을 미친다고 밝혔다. 그의 연구에 따르면, 부모가 아이의 감정을 무시하거나 지적하는 방식보다 감정을 먼저 인정하고 공감하는 감정코칭 방식을 사용할 때, 아이들은 더 안정적으로 자신의 감정을 표현하고 타인과의 관계에서도 유연하게 반응하는 경향을 보인다고 한다.

이 연구는 우리에게 중요한 질문을 남긴다. "지금 내가 아이에게 건네는 말은 정말 지금의 내가 선택한 말일까, 아니면 내가 자라며 익숙해진 말들이 무의식적으로 반복되고 있는 것일까?"

아이와 대화를 잘하기 위해서는 무엇을 말할까를 고민하는 것보다 '지금까지 내가 어떤 말을 해왔는지'를 먼저 돌아보는 일이 필요하다.

한 어머니가 상담 중 조심스럽게 말을 꺼냈다.

"아이가 실수하면, 저는 그걸 바로 지적해요. 제대로 알려주고 싶은 마음인데 그때 말이 뭔가 세게 나와요. 그래서 그런지 요즘은 아이가 제 눈치를 보거나 자꾸 대화를 피하려고 해요. 그런데 생각해보니… 저도 어릴 때 그런 말을 자주 들었어요."

어릴 적부터 실수하면 안 된다는 말 속에서 자라왔던 기억이 그녀 내면에 깊게 자리 잡고 있었다. 그래서 그녀는 자신도 모르게 아이에게도 같은 기준을 들이대고 있었던 것이다. 그녀는 그제야 지금 아이에게 하는 말이 자신이 어린 시절 가장 듣기 싫었던 말이었다는 것을 깨달았다.

그날 이후 그녀는 자신의 말과 태도를 돌아보는 시간을 자주 갖게 되었다. '꼭 이렇게 말해야 할까?', '지금 이 말, 꼭 필요한 걸까?'라고 마음속으로 되묻는 연습부터 시작했다.

그리고 아이에게 건네도 괜찮은 말로 바꿔보기로 했다. "오늘 이 부분이 어려웠지?" "속상했겠다. 이건 어떻게 해결하면 좋을까, 같이 생각해보자."

몇 주가 지나자 아이가 달라지기 시작했다. 아이는 실수에 움츠러들기보다 엄마에게 마음을 털어놓고 함께 해결책을 찾으려고 했다.

부모가 아이에게 건네는 말은 단순한 표현이 아니라 오래전부터 마음속에 자리해온 경험들이 쌓여 만들어진 흔적이다. 그래서 자신도 모르게 그것을 다음 세대에게 물려주게 된다. 하지만 그 언어는 인식함으로써 바뀔 수 있다. 우리가 과거를 돌아보고, 아이에게 다르게 말해보려고 노력할 때 아이는 부모를 통해 '나는 실수해도 괜찮은 사람'이라는 메시지를 받게 된다.

"엄마도 예전에 시험 망쳐서 울었던 적 있어." "아빠도 친구랑 싸워서 학교 가기 싫었던 날이 있었어." "실수해서 속상하지? 우리 같이 방법을 생각해보자." 이런 말들을 아이에게 해주면 아이는 자신이 느끼는 감정이 틀린 것이 아니라는 사실을 깨닫는다. 또한 아이가 부모가 나와 같은 경험을 했구나라는 사실을 통해 안심하는 마음을 갖게 된다.

교육철학자 존 듀이는 이렇게 말했다. "우리는 과거를 반성할 때에만 성장한다."

과거를 돌아보지 않으면, 우리는 그 안에 있던 습관과 상처를 무의식적으로 반복하게 된다. 아이와의 대화 방식도 마찬가지다. 그러나 말은 조금만 표현을 달리하면, 그 온도가 크게 달라지게 된다.

"왜 이렇게 게으르니?" → "요즘 좀 힘든 일이 있어 보여. 괜찮아?"

"엄마가 다 해줄게." → "이건 네가 한번 해보면 좋겠어. 어려우면 도와줄게."

"그렇게 하면 안 돼." → "우리 같이 방법을 생각해볼까?"

이처럼 말투 하나가 바뀌면, 말의 분위기가 크게 바뀌고, 대화의 방향이 달라진다. 익숙했던 표현을 내려놓고 진심이 담긴 언어로 바꾸어 말하면 아이는 잘못과 실수에 대해 피하려 하지 않고 부모 곁에서 위로와 방향을 찾게 된다.

부모가 된다는 것은 자라며 몸에 밴 나의 언어를 새롭게 쓰는 일이기도 하다. 내 어린 시절을 돌아보고, 아이에게는 다른 방식으로 사랑을 전하겠다고 다짐하는 마음이 가정의 대화를 바꾸고 아이의 내면을 지켜주는 힘이 된다.

부모교육 전문가 토머스 고든은 다음과 같이 말했다. "좋은 부모는 자녀에게 옳은 말을 가르치기 전에 스스로의 말을 돌아본다."

우리는 종종 아이에게 '어떻게 말할까'에만 집중한다. 하지만 정말 중요한 것은 내가 아이에게 일상적으로 하는 말이 어디서부터 시작된 것인가를 들여다보는 일이다. 내가 자라며 반복해서 들었던 말, 말투, 감정의 결이 지금도 내 말 속에 남아 있다면, 그것은 아이에게 전하고 싶은 언어라기보다 정리되지 않은 내 과거일 수 있다. 자신이 자라며 들었던 말들이 지금의 언어 습관을 만들었다면, 이제 자신이 바꾸는 말 한 마디 한 마디가 아이의 내면을 지켜주는 언어가 될 수 있다.

오늘 잠자리에 들기 전 나 자신에게 물어보자.

'내가 아이에게 건넨 말은 지금의 내가 선택한 말일까? 아니면 예전의 내가 들었던 말을 무의식적으로 따라한 것일까? 그 말을 아이에게 그대로 전하고 싶은가, 아니면 새롭게 바꿔 전하고 싶은가?'

부모가 아이에게 줄 수 있는
평생의 가장 큰 선물은 무엇일까?

부모는 아이가 힘들어하는 모습을 보면 본능적으로 도와주고 싶어진다. 조언을 해주고, 방법을 알려주며, 자신이 생각하는 답을 말해준다. 다음의 경우를 보자.

"엄마, 오늘 친구가 나한테 화냈어, 너무 속상해."

아이의 말이 끝나기도 전에 엄마는 답을 알려준다. "그럴 땐 그냥 신경 쓰지 마."

그 순간 아이는 더 이상 아무 말도 하지 않는다. 부모가 알려준 답을 받아들이며, 자신의 감정을 접는 법을 배운다. 그러면 아이는 생각을 멈추고, 자기 안의 감정을 접게 된다. 하지만 아이에게 정말 필요한 것은 부모의 답이 아니라 스스로 방법을 생각해볼 수 있는 기회다.

아이가 자기 안의 감정을 접게 되는 것은 단지 마음의 문제로만 그치지 않는다. 사고가 필요한 순간에도 아이는 점점 스스로 생각하는 법을 잃어간다.

다음은 한 교육 전문 신문에서 소개한 실제 사례다.

수학 문제를 풀던 한 초등학생은 매번 같은 반응을 보였다. 조금만 어려운 문제가 나오면 책을 덮고, 곧장 엄마를 불렀다. "엄마, 이거 모르겠어. 어떻게 해?"

엄마는 아이가 스트레스를 받으며 공부하길 원하지 않았다. 그래서 아이가 부르면 늘 빠르게 설명해주었다. 아이도 그 말을 그대로 적고는 다음 문제로 넘어갔다. 하지만 시간이 흐를수록 "모르겠어"라는 말은 더 빨리 나왔고, 문제를 풀기 전에 먼저 엄마를 부르는 일이 많아졌다. 스스로 생각해보려는 시도도 점점 줄어들었다.

기사는 결론에 이렇게 말했다. "부모가 즉각적으로 정답을 제공하면, 아이의 자율적인 사고 능력은 점점 약해질 수 있다."

사랑이라는 이름으로 부모가 아이의 머릿속 빈칸을 먼저 채워줄수록 아이는 점점 스스로 채워야 할 이유를 잃어간다. 정답을 듣는 데 익숙해진 아이는 결국 혼자 문제를 마주할 때 생각하는 것보다 멈추는 법을 먼저 배우게 된다. 그렇다면, 질문은 어떤 변화를 만들어낼까?

한 중학교에서 진행된 흥미로운 실험이 있다. 연구진은 두 개의 반에 동일한 수학 문제를 주고, 각기 다른 방식으로 수업을 진행했다. A반에게는 교사가 직접 풀이 과정을 설명했고, B반에게는 단 한 번도 정답을 알려주지 않고 오직 질문만 던졌다. B반 교사는 이렇게 물었다. "이 문제를 풀려면 어떤 정보가 필요할까?" "예전에 비슷한 문제를 본 적 있니?" "지금 알고 있는 것 중에 단서가 될 수 있는 건 뭐야?"

시험 결과 B반 학생들의 오답률이 더 높았다. 하지만 그 후 새로운 문제풀이 활동에서 뚜렷한 차이가 나타났다. B반 학생들은 낯선 문제 앞에서도 겁내지 않고 도전했고, 실패를 두려워하지 않았다. A반 학생들은 문제를 읽는 순간 "이건 어려워요"라며 교사의 도움을 기다리는 모습을 보였다.

이 실험을 통해 실패하지 않게 도와주는 것보다 실패해도 다시 생각할 수 있는 힘을 길러주는 일이 더욱 중요함을 알 수 있다. 또한 그 시작은 정답이 아니라 질문에서 출발함을 확인할 수 있다.

이것은 현실에서도 크게 다르지 않다.

한 어머니가 조심스레 속마음을 꺼냈다. "우리 아이는 모르는 문제가 나오면 생각조차 안 해요. 그냥 '엄마, 몰라' 하고 멈춰버려요."

아이가 문제를 마주할 때마다 곧장 도움을 요청한다는 이야기였다. 문제는 그게 습관처럼 굳어지고 있다는 것이었다. 그 어머니는 답을 주기보다 묻는 연습을 시작해보기로 했다. 기존에는 즉시 해결책을 제시했다면, 질문으로 생각을 이끄는 새로운 방식을 시도했다.

"이 문제를 풀려면 먼저 뭘 알아야 할까?"

"다른 방법으로도 접근할 수 있을까?"

"지금 알고 있는 것 중에서 힌트가 될 수 있는 건 뭐가 있을까?"

이것은 아이에게는 낯선 방식이었고, 엄마도 인내가 필요했다. 하지만 몇 주가 지나자 아이의 태도에 변화가 찾아왔다. 아이가 스스로 이렇게 말했다. "이건 좀 어려운데… 엄마 그래도 내가 한번 해볼게."

그동안 늘 엄마의 눈치를 보며 "모르겠어"라고 말하던 아이가 처음으로 자기 안에서 '해보자'는 생각을 꺼낸 순간이었다. 엄마는 그 말을 들으며 마음 한편이 뭉클해졌다. 답을 주고 싶었던 수많은 순간을 겨우 참아낸 시간들이 비로소 아이가 스스로 하겠다는 생각으로 이어졌기 때문이다.

아이가 스스로 질문을 꺼내기까지는 부모의 기다림의 시간이 필요하다. 하지만 그 기다림을 통해 아이가 자기 생각을 꺼내는 순간이 오게 된다. 정답을 주는 대신 질문을 건네는 것은 아이에게 단순히 지식을 찾는 방식을 가르치는 것이 아니라 스스로 사고하고 결정하도록 이끈다. 그것은 살아갈 수 있는 힘의 씨앗을 심는 중요한 일이다.

"우리 아이는 너무 수동적이에요"라고 말하는 부모가 매우 많다. 그것은 오랫동안 부모가 모든 것을 대신 결정해온 시간 속에서 만들어진 결과다. 모든 선택이 미리 정해져 있는 세상에서 아이들은 스스로 생각할 이유를 조금씩 잃어간다. 그러니 아이에게 다음과 같이 질문을 던져보자.

"이건 이렇게 해." → "너라면 어떻게 해볼래?"

"이거 해야지." → "왜 이걸 해야 한다고 생각해?"

"그냥 엄마(아빠) 말 들어." → "네 생각은 어때?"

질문으로 이끌어주면 아이의 마음도, 생각도 달라지게 된다.

질문이 아이를 어떻게 키우는지 삶으로 보여준 인물이 있다. 아인슈타인의 전기를 보면, 그의 어머니 파울린은 아들이 무언가를 궁금해할 때 서둘러 말하기보다 먼저 되묻곤 했다.

"너는 어떻게 생각하니?

"왜 그렇게 느꼈어?"

파울린은 아들이 스스로 생각하고 탐색할 수 있는 시간을 무엇보다 소중하게 여겼다. 질문으로 생각의 문을 열어준 그녀의 교육법은 훗날 아인슈타인이 어려운 개념 앞에서도 두려워하지 않고 끝까지 생각할 수 있는 힘이 되었다.

아인슈타인의 성장 과정에서 보듯이 질문은 아이에게 스스로 답을 찾아가도록 안내한다. 이것은 아이의 내면에서 스스로 길을 발견하도록 도와주는 가장 따뜻한 방식이다.

그래서 부모가 아이에게 건네줄 수 있는 가장 큰 선물은 생각할 수 있는 시간과 스스로 선택할 수 있는 기회다. 질문은 아이로 하여금 세상을 다르게 바라보게 하고, 스스로 해볼 수 있다는 용기를 키워준다. 아이에게 서둘러 방향을 정해주는 대신 멈추고 기다려주자. 그리고 아이가 문제에 부딪칠 때마다 이렇게 물어보자.

"너라면 어떻게 해보고 싶니?"

부모와 아이가
함께 자라는 순간들

"엄마, 왜 화났어? 그냥 속상하다고 말해." "아빠, 친구랑 다퉜어? 그럼 진심을 담아서 편지를 써봐. 나도 그렇게 했더니 친구랑 다시 잘 지냈어."

부모가 오랫동안 붙잡고 있던 생각의 매듭을 아이들이 단번에 풀어낼 때가 있다. 부모에게 있어 자식은 배움의 수용자가 아니라 함께 질문을 나누고 삶을 돌아보게 해주는 동반자일 수 있다.

나는 가끔 딸들에게 고민을 나눈다. 어느 날 두 딸이 서로 다투는 모습을 지켜보다가 이렇게 말했다. "엄마는 너희가 자기 입장만 이야기하면서 다툴 때 정말 속상해. 서로를 이해하며 잘 지내길 바라는 마음인데, 그게 잘 전달되지 않는 것 같아. 엄마가 어떻게 말해줘야 할까?"

잠시 고민하던 큰딸은 이렇게 말했다. "엄마, 죄송해요. 기분이 나빠서 화가 계속 났어요. 그런데 엄마가 이렇게 말해주시니까 멈추게 돼요. 마음도 진정되고, 엄마한테도 미안해져요. 앞으로도 저희가 잘못할 때 지금처럼 말해주세요. 그럼 우리도 빨리 멈추고 다시 생각해볼게요."

나는 그 순간 감정을 감추기보다 솔직하게 표현하는 것이 아이에게 훨씬 깊이 전해진다는 것을 확신하게 되었다. 나는 아이와 대화할 때 설명보다는 감정을 먼저 건네려 애쓴다. "엄마는 지금 마음이 아파", "조금 외로웠어"라는 식으로 감정을 구체적으로 전하면 아이는 한 걸음 더 가까이 다가온다. 하루는 내가 무심코 "오늘은 그냥 좀 힘든 날이었어"라고 말했을 때, 아이가 말없이 내 손을 꼭 잡아주었다. 그것이 길고 장황한 위로의 말보다 더 큰 위안이 되었다.

우리가 자신의 감정을 솔직하게 꺼내는 것은 결코 약함이 아니라 관계를 단단하게 만드는 가장 진실한 방법이다. 언젠가 상담을 마치고 돌아온 저녁이었다. 생각이 많아서 조용히 앉아 있는데 딸이 다가와 물었다. "엄마, 고민 있어요?" 나는 하루 중 있었던 이야기를 들려주었다. "오늘 어떤 어머님이 아이가 자꾸 시간 약속을 지키지 못한다며 고민하시더라. 그래서 조금은 단호하게 대처해 보시라고 말씀드렸는데, 아이가 간섭처럼 느끼진 않을까 걱정하셨어."

딸은 가만히 듣더니 이렇게 말했다. "음… 그 어머니가 너무 아이 마음만 걱정하시는 것 같아요. 그런데 계속 늦으면 아이도 점점 더 힘들어질 수 있어요. 어른이 도와주는 것도 필요하잖아요. 나도 놀다 보면 시간 가는 줄 모를 때가 많거든요."

그날 나는 아이의 말에서 내가 찾고 있던 답을 들었다. 단호함은 간섭이 아니라 책임일 수 있다는 것이다. 사랑은 때로 분명한 경계를 세워주는 데서 시작된다는 사실을 아이의 시선이 일깨워주었다.

아이에게 조언을 구하는 그 순간, 아이는 단순한 피교육자가 아니라 함께 고민하는 동반자가 된다. 우리는 자식은 늘 부모의 보호가 필요한 존재라고 생각하기 쉽지만, 누군가에게 도움이 될 수 있다고 인정해주는 태도는 아이의 생각을 바꿔준다. 부모가 자신에게 의견을 물어봤다는 그 사실 하나만으로 아이는 스스로를 '의견을 낼 수 있는 사람', '누군가에게 의미 있는 존재'로 느끼게 된다. 부모가 아이에게 권위가 아닌 존중의 시선으로 다가갈 때 아이의 자존감과 책임감은 자연스럽게 자라난다.

한 번은 아이들에게 "속상할 때 친구와 잘 지내려면 어떻게 해야 할까?"라고 물어본 적이 있다. 그때 한 아이가 이렇게 대답했다. "그냥 '나 속상해'라고 말하면 돼요."

복잡한 설명이나 돌려 말하기보다 감정을 그대로 전하는 방식이 오히려 더 진심을 잘 전달한다는 사실을 아이들은 이미 알고 있었다. 가장 단순한 말이 가장 깊은 공감을 불러일으킬 수 있다는 사실을 아이들은 체득하고 있었던 것이다.

부모가 먼저 감정을 솔직하게 표현하는 태도를 보여줄 때 아이는 그에 응답하며 자기 감정을 정리할 기회를 얻는다. 감정 교육은 가르치는 것이 아니라 함께 경험하며 배우는 것이다.

이러한 감정의 대화는 일상에서 통찰의 순간을 만들어준다. 배우 미니 드라이버는 한 인터뷰에서 자신의 아들을 '작은 선사(禪師)' 같다고 표현했다. 그녀는 "가끔은 멈춰 서서 스스로의 감정을 돌아보고, 필요할 땐 진심으로 사과하는 법을 아들이 가르쳐줬어요"라고 말했다.

아이의 솔직함과 단순함이 더 깊은 깨달음을 주었다는 이 이야기는 우리가 아이를 단순한 피교육자로만 여겨왔던 시선을 바꾸게 한다. 아이에게도 놀라운 통찰력이 있다. 아이는 단순히 배우는 존재가 아니라 때로는 우리가 미처 돌아보지 못한 감정을 먼저 짚어주는 사람일 수 있다.

그래서 나는 아이들에게 이렇게 묻는다. "엄마가 이럴 땐 어떻게 하면 좋을까?” “선생님이 뭐라고 말해주면 좋을까?”

꼭 정답을 듣기 위해서가 아니라 함께 고민하고 이야기를 나누는 과정 속에서 아이에게서 많은 것을 배우기 때문이다. 아이에게서 답을 얻는다는 것은 아이의 눈으로 세상을 다시 바라보는 일이기도 하다. 아이의 시선으로 세상을 바라본다는 것은 단지 다르게 생각한다는 의미가 아니다. 그것은 우리가 놓치기 쉬운 세세한 마음을 다시 들여다보는 일이며, 관계의 본질에 대해 다시 배우는 일이다.

물론 아이의 생각이 언제나 해답이 되는 것은 아니다. 그러나 대화 속에서 진심이 오갈 때 부모와 아이는 함께 배우고 자라는 경험을 한다. 부모가 아이에게 배우는 용기를 가질 때 아이 역시 스스로를 소중한 존재로 느끼게 된다. 그런 시간이 아이의 자존감을 자라게 할 뿐만 아니라 부모의 내면도 더 단단하게 만들어준다.

진실한 마음을 먼저 건네고, 마음에서 나온 대답을 진심으로 듣는 일이야말로 아이와 나누는 가장 따뜻한 대화이자 부모가 다시 성장하는 길이 될 수 있다.

부모의 올바른 선택이
아이의 밝은 미래를 이끈다

"매일 아침이 전쟁이에요."

이 말에 많은 부모가 공감할 것이다. 한 조사에 따르면 부모 10명 중 7명이 아침 시간에 자녀와 가장 많은 갈등을 겪는다고 한다. 아이를 깨우고, 밥을 먹이고, 옷을 입히고, 가방을 챙기는 아침 시간이 부모들에게는 전투처럼 느껴질 수밖에 없다.

"저희 아이는 제가 매번 챙겨줘야 해요. 안 챙겨주면 학교도 지각할 거예요. 깨워줘야 일어나고, 밥도 차려줘야 먹고, 이제는 가방까지 현관에 놔줘야 겨우 출발해요."

아이를 도와주는 일은 쉬워 보이지만, 때로는 그것이 가장 멀리 돌아가는 길이 되기도 한다. 부모가 아이의 감정을 감당하고 기다려주는 그 불편함 속에서 아이는 비로소 자립의 첫걸음을 내딛기 때문이다.

물건을 자주 잃어버리는 아이가 있었다. 처음에는 자신도 당황하고 속상해했다. "어? 분명 여기 뒀는데!" 하지만 시간이 흐르면서 아이는 점차 무덤덤해졌다. 왜일까? 잃어버려도 늘 누군가가 다시 채워줬기 때문이다. 엄마 아니면 할머니가, 삼촌이, 혹은 아빠가 늘 도와줬기 때문이다. 이를 통해 아이는 잃어버리는 일이 반복되더라도 괜찮다는 걸 배우게 된다.

아이를 키우는 길에는 수없이 많은 선택의 순간들이 있다. 부모는 그 선택의 기준이 언제나 아이를 위한 것이라고 생각하지만, 돌아보면 결과는 기대와 달랐던 적이 많았을 것이다.

"정말 최선을 다했어요. 그런데도 왜 이렇게 안 되는 걸까요?"

그 말을 들을 때마다 깊은 공감 속에서 되묻게 된다. "혹시 그 '최선'이란 내 입장에서 감정적으로 가장 덜 힘든 선택은 아니었을까요?"

아이와 싸우기 싫고, 속상해하는 걸 보기 싫고, 반복되는 갈등이 버거워 우리는 익숙한 방식으로 상황을 관리하려고 한다. 그러다 보면 내가 할 수 있는 선에서 가장 빠르고 효율적인 선택을 최선이라고 믿게 된다.

심리학자 아들러는 《미움받을 용기》에서 부모가 아이의 삶에 지나치게 개입할 경우 자립의 기회를 방해할 수 있다고 말했다. 특히 '과제 분리'라는 개념을 통해 아이가 자신의 삶을 스스로 책임지고 경험하도록 해야 한다는 점을 강조했다. 또한 미국 심리학회(APA)는 부모의 과잉 개입이 아동의 자기조절 능력 발달에 부정적인 영향을 준다고 밝혔다. 과잉보호를 받은 아이일수록 문제 해결 능력이나 좌절을 견디는 회복탄력성이 낮다는 결과가 보고되었다.

결국 부모의 최선이라는 선택이 아이의 성장의 기회를 빼앗고 있었던 것은 아닐까?

그렇다면 지금까지와는 조금 다른 방식을 생각해보자.

만약 아침 준비를 어려워하는 아이라면 매일 챙겨주는 대신 함께 준비 체크리스트를 만들고, 그날 완료한 항목을 스스로 표시하게 해보자. 그리고 완료된 것에 대해서는 스티커나 작은 보상으로 내가 해냈다는 성취감을 느끼게 해주는 것이다. 이때 스티커나 작은 보상은 단지 결과를 위한 유인책이 아니라 스스로 해냈다는 자존감을 쌓는 정서적 응원이 된다.

타이머를 활용해 '10분 안에 옷 입기, 가방 챙기기'처럼 작지만 아침에 해야 할 일을 명확한 도전 과제로 만들어보자. 게임처럼 느껴질 수 있고, 시간 감각을 익히는 연습도 된다. 그리고 준비가 늦어져 빠진 물건이 생기더라도 대신 챙겨주기보다 조금 불편한 하루를 감당할 수 있게 지켜봐주도록 하자. 불편함은 때때로 가장 효과적인 교사가 된다.

만약 물건을 자주 잃어버리는 아이라면 매번 새로 사주기보다 전날 필요한 준비물을 스스로 확인하는 습관을 함께 만들어보자. 작은 메모, 간단한 체크리스트만으로도 아이는 준비에 대한 책임을 느끼기 시작한다. 혹시 빠뜨린 것이 있다면, 그 수업 시간 동안의 불편함을 스스로 경험하게 해보자.

만약 그 상황에서도 불편을 느끼지 않는다면, 아이와 함께 작은 약속을 정해보는 것도 좋다. 예를 들어 준비물을 챙기지 못했을 때는 하루 동안 좋아하는 장난감을 쉬게 한다는 식이다. 이것은 벌이 아니라 아이가 삶에 대한 작은 책임을 체험하도록 하는 과정이다.

왜 부모들은 많은 경우 편한 것을 선택하려고 하는 것일까? 그것은 감정의 회피와 익숙함을 통해 느끼는 안전감에서 비롯된다. 아이와의 갈등은 곧 나의 감정을 흔들고, 그 감정의 소용돌이는 우리가 감당하기에 벅찰 때가 많다. 그래서 갈등을 예방하고자 하는 선택과 아이를 돕는다는 명목으로 익숙한 방식에 의지하는 선택을 반복한다. 명목은 아이를 위함이지만, 사실 내 마음의 불편함을 줄이기 위해 익숙한 것을 선택한다. 아이의 고집, 눈물, 반항 앞에서 부모는 불편한 감정을 느낄 수밖에 없다.

그 감정을 피하고 싶기에 아이에게 더 간섭하거나, 반대로 모든 걸 대신해주는 편안한 방법을 택하게 되는 것이다. 하지만 아이의 성장을 돕는 길은 감정에서 도망치는 데 있지 않다. 그 감정을 조용히 들여다보며 스스로를 단단히 붙드는 데서부터 시작된다.

심리학에서는 부모의 정서적 안정이 아이의 감정 조절과 자기조절 능력에 깊은 영향을 미친다고 말한다. 부모가 먼저 자신의 감정을 인식하고 조절할 수 있을 때, 아이 역시 감정을 조절하고 상황을 스스로 이겨내는 태도를 배우게 된다. 감정을 억누르거나 외면하는 것이 아니라 그 감정 안에 머물며 스스로를 다독이는 힘이야말로 아이의 평생 삶을 든든하게 받치는 단단한 기반이 된다.

예전에 만난 한 아버지의 이야기가 오래도록 마음에 남아 있다. 그는 아이가 말을 듣지 않거나 예의에 어긋나는 행동을 할 때마다 화를 참는 것이 가장 어렵다고 말했다. "그럴 땐 그냥 소리 지르며 끝내고 싶어요. 그게 제일 빠르거든요. 저도 그렇게 자라왔으니까요."

하지만 그는 어느 순간 아이와의 관계에서 다른 방식을 시도해보고 싶어 이렇게 말했다고 한다. "얘들아, 아빠가 왜 화가 났는지 말해줄게. 그리고 이런 상황에서는 어떤 말과 행동이 좋을지 같이 이야기해보자." 그 말은 단지 훈육 방식의 변화가 아니었다. 자신이 자라온 방식을 넘어서 아이와의 관계를 새롭게 열기 위한 용기 있는 선택이었다. 익숙함을 넘어선 그의 용기는 아이와의 관계를 다시 쓰는 디딤돌이 되었다.

좋은 부모가 된다는 것은 내 감정을 감내하면서도 아이에게 성장의 기회를 열어주기 위해 불편하더라도 더 옳은 방향으로 나아가는 용기 있는 결정을 할 수 있는 것이다. 아이를 위한 선택의 기로에 놓일 때 조용히 자신에게 다음과 같은 질문을 던져보자.

'지금 내가 하는 이 선택이 정말 아이를 위한 것인가, 아니면 지금의 나를 덜 힘들게 하기 위한 것인가?'

아이의 성장을 위한 불편한 선택들

- **준비물을 잘 챙기지 못했을 때는 하루의 불편함을 감당하도록 지켜보기**

  대신 챙겨주지 않고, 아이가 겪는 불편함을 조용히 지켜본다. 불편함은 아이에게 책임감을 배우게 한다.

- **즉시 개입하기보다 잠깐 기다려주는 연습하기**

  아이가 실수하거나 잘못했을 때 바로 나서지 않고 잠시 기다린다. 기다림이 어려울 때는 숫자 세기처럼 구체적인 방법을 정해 놓고 실천해본다. 그 시간을 통해 아이는 스스로 상황을 정리할 기회를 가진다.

- **감정이 올라올 때는 잠시 화장실에 들어가 거울 속 내 얼굴을 보고 물 한 잔 마시고 나오기**

  감정이 올라와 감당하기 벅찰 때는 그 자리를 벗어나 심호흡을 하며 내 감정을 들여다본다. 거울을 통해 자신의 표정과 마음을 동시에 확인하며 감정을 다스린다.

- **실수를 혼내지 말고 스스로 돌아보도록 이끌어주기**

  예를 들어 아이가 아침에 늦잠을 자서 학교에 지각한 경우, 대신 변명해주기보다 그 상황을 스스로 설명하게 한다. 그리고 "오늘 선생님께 뭐라고 말씀드렸어?" "그 시간에 어떤 생각이 들었어?"라고 물으며, 스스로의 행동을 돌아볼 기회를 마련한다.

아이에게 맞는 길을
찾는 법

"도대체 어떻게 하는 게 맞는 걸까요?"

부모님들과 선생님들에게 가장 많이 듣는 질문이다. 부모와 선생님은 아이의 교육에 누구보다 애쓰고 있지만, 아이의 반응은 예측할 수 없고 결과는 늘 예상과 다르게 흘러간다.

가만히 두면 게을러지는 것 같고, 조금만 밀어붙이면 금세 위축된다. 기다리면 시간을 허비하는 것 같고, 도와주면 상황이 더 복잡해지기도 한다. 그래서 부모님들과 선생님들 마음속에는 같은 질문이 반복된다. "지금 내가 하고 있는 이 방법이 정말 괜찮은 걸까?"

한 선생님이 조심스럽게 털어놓았다.

"처음에는 아이가 즐겁게 배우는 게 가장 중요하다고 생각했어요. 그래서 부담 주지 않으려고 '괜찮아, 천천히 해보자'고 말했죠. 그런데 시간이 지나도 아이가 진도를 거의 나가지 않더라고요. 이래도 괜찮은 걸까? 라는 생각이 들었어요. 그래서 이번엔 조금 다르게 해봤어요. '이번 주까지는 꼭 여기까지 해야 해'라고 목표를 정해주고, 매번 확인했죠. 그랬더니 또 다른 문제가 생겼어요. 아이가 위축되기 시작한 거예요. 수업 내내 표정이 어둡고, 작은 실수에도 얼굴이 굳는 게 보였어요."

선생님은 잠시 말을 멈췄다가 조용히 덧붙였다. "처음 방식도 안 맞고, 바꾼 방식도 안 맞는다면 도대체 어떤 방법이 맞는 걸까요?"

아이를 교육하는 일은 한 가지 방법으로는 설명되지 않는다. 답이 있다고 믿고 따라가면, 돌아오는 결과는 언제나 그 기대를 비껴간다. 우리는 '이 아이에게는 어떤 길이 맞을까?'를 끊임없이 고민하며 길을 찾으려고 노력한다. 그러다 보니 교육이라는 것이 마치 미로를 헤매는 것처럼 느껴진다.

어릴 적 종이 위에 그려진 복잡한 미로를 따라가던 기억이 있다. 연필을 들고 출발점에서 한 칸씩 움직이다 보면 이내 막다른 길에 닿는다. 다시 돌아가고, 또 돌아가고, 그렇게 여러 번 방향을 바꾼 끝에야 목적지에 도착한다. 그 순간, 내가 해냈다는 성취감을 맛본다. 중요한 것은 얼마나 빨리 도착했느냐가 아니라 스스로 길을 찾아낸 그 경험이다.

교육도 이와 크게 다르지 않다. 처음부터 답을 알고 시작하는 부모는 없다. 가던 길이 틀렸다는 사실을 중간에 깨닫고 다시 돌아오기도 하고, 예상치 못한 선택이 좋은 결과로 이어지기도 한다. 그 모든 과정이 아이에게는 경험이 되고, 배움이 된다. 부모는 그 여정의 가이드일 뿐 답을 대신 내려주는 사람이 아니다.

답을 단정지을 수 없는 순간은 끊임없이 찾아온다. 한 어머니는 이렇게 말했다. "선생님, 저희 아이는 지는 걸 정말 못 참아요. 게임도, 달리기도, 뭐든 무조건 이겨야 해요. 졌다고 느끼는 순간 아예 포기를 하거나 화를 내고는 안 하겠다고 해요. 처음에는 그냥 승부욕이 강한 거라고 생각했는데, 요즘은 조금 걱정이 돼요. 어떻게 해줘야 하는 건지 솔직히 잘 모르겠어요."

그 아이는 아빠와 보드게임을 하다가 지자 갑자기 게임판을 엎고는 "이제 안 해!"라고 말하며 방문을 쾅 닫았다고 한다. 또 며칠 뒤에는 친구와 달리기 시합을 했는데 친구가 이기자 하루 종일 표정이 좋지 않았다고 한다. 그날 저녁, 아이는 이렇게 말했다. "나 이제 달리기 안 할래. 더 이상 하고 싶지 않아."

이럴 때 부모는 '이기지 않으면 안 한다고?' '이런 성격으로 친구들과 잘 지낼 수 있을까?' '너무 이기적인 건 아닐까?' 등등의 생각으로 마음이 복잡해진다. 하지만 그 아이는 지는 게 싫은 것이 아니라 지는 걸 감당할 줄 몰라서 괴로운 것이다. 패배를 경험해본 적이 거의 없거나, 졌을 때의 감정을 표현하고 다룰 기회를 갖지 못한 아이일수록 이겼을 때만 자신의 가치가 유지된다는 생각에 갇혀 있다.

이럴 때 아이에게 필요한 것은 "패배도 이겨내야 한다"는 조언이 아니다. "그렇게 속상할 수 있어. 졌을 때 네 마음, 엄마(아빠)가 충분히 이해해"라는 공감의 말이 필요하다. 그러한 공감이 아이의 닫힌 마음을 천천히 연다. 그리고 아이는 조금씩 또 다른 선택지를 바라보게 된다.

그때 부모가 이렇게 말해줄 수 있다. "졌다고 해서 네가 못한 건 아니야. 그 친구가 이번에 더 빨라진 걸 수도 있어." 이 말은 위로처럼 들릴 수 있지만, 사실은 아이의 생각을 전환시켜주는 강력한 메시지다. 내가 뒤처진 것이 아니라 상대가 성장했을 수도 있다는 가능성을 떠올리게 하기 때문이다. 그 생각은 아이의 마음속에 다시 시도해볼 수 있다는 작은 용기를 만들어준다.

그럴 때 부모는 아이의 마음을 다시 움직일 수 있는 작은 질문을 꺼내본다. "그 친구랑 또 달릴 기회가 온다면, 다시 해보고 싶어?" 이 질문의 목적은 아이가 도전을 다시 선택할 수 있도록 돕는 데 있다.

만약 아이가 "다시 해보고 싶어"라고 말한다면, "그래, 우리 함께 방법을 찾아보자"라고 말해줌으로써 다시 시작할 수 있도록 길을 열어준다. 반대로 "그냥 안 할래"라고 말한다면, 그럴 땐 부모가 서두르지 않고 그 마음부터 충분히 안아주도록 한다. 그리고 시간이 흘러 마음이 조금 가라앉을 때쯤에 가볍게 물어본다. "이번 달리기에서 너는 어떤 걸 느꼈어?" 그러면 아이는 그제야 속마음을 보여줄 것이다. "친구가 정말 빠르더라. 나도 연습하면 나아질 수 있을까?"

그 말 안에는 포기가 아니라 다시 해도 되지 않을까 라는 작고 단단한 마음이 담겨 있다. 그것이 바로 아이가 미로 속에서 자기만의 길을 찾기 시작했다는 신호다. 아이가 돌아가고 멈추고, 또다시 걸음을 떼는 그 시간을 부모는 묵묵히 기다려줄 수 있어야 한다. 하지만 그 기다림 속에서 부모도 함께 성장하고 있다는 사실을 잊지 말자.

그렇다면 부모는 왜 자녀를 위해 기다림의 시간을 가져야 하는 것일까?

심리학자 대니얼 카너먼은 인간의 사고방식을 '빠른 시스템(직관)'과 '느린 시스템(논리적 사고)'으로 나누었다. 교육에서 부모가 자주 빠지는 오류는 바로 이 빠른 시스템만을 작동시킨다는 것이다. 눈앞의 문제에 즉각적으로 반응하고, 빠르게 해결책을 제시하며, 정답을 알려주는 방식으로 아이를 이끌려는 것이다. 하지만 진짜 배움은 '느린 시스템'에서 일어난다. 아이가 스스로 생각하고, 시행착오를 겪으며, 질문하고 답을 찾아가는 그 긴 과정 속에서 배우며 성장하게 된다. 결국 교육은 빠르게 문제를 해결하는 기술이 아니라 아이와 함께 천천히 길을 찾아가는 관계의 여정이다.

그렇다면 '함께 찾는 관계'는 실제로 어떻게 만들어질 수 있을까?

MIT 교수이자 리더십센터 상임이사인 할 그레거슨은 정답을 얼마나 잘 맞히는가보다 질문 속에 담긴 사고의 과정이 더 중요하게 다뤄져야 한다고 강조했다. 그의 연구는 스스로 좋은 질문을 던질 수 있도록 돕는 환경이 자율성과 창의성을 키우는 데 중요한 조건임을 보여준다

아이와 함께 미로 속을 걸을 때 정답을 알려주지 않아도 괜찮다. 오히려 "같이 생각해보자", "지금 이 길은 어떨까?", "이건 네가 한 번 선택해볼래?"라는 말들이 아이를 훨씬 멀리 데려다줄 수 있다. 스스로 길을 찾은 아이는 다음에도 다시 길을 찾을 수 있는 힘을 갖게 된다.

길을 찾다 보면 막히기도 하고 돌아가야 할 때도 있다. 하지만 그 모든 과정을 함께하며 "너는 스스로 길을 찾을 수 있는 사람

이야"라는 믿음을 아이에게 심어준다면, 그 자체로 교육은 이미 충분히 잘 이뤄지고 있는 것이다.

아이의 진정한 성장은 부모가 길을 정해주는 것이 아니라 함께 걸어가며 아이에게 맞는 길을 발견할 때 비로소 시작된다.

내 아이는 절대 그렇지 않다는
부모의 생각이 아이를 망친다

2022년 한국교원단체총연합회 실태조사에 따르면, 교사들이 가장 곤란하게 느끼는 상황 중 하나가 아이의 문제 행동을 조심스럽게 전달했을 때 부모가 이를 인정하지 않거나 강하게 반발하는 경우라고 한다.

아이가 수업 시간에 친구와 갈등을 반복하거나 규칙을 어긴 상황을 전하면, 부모들의 반응은 비슷하다. "우리 애는 원래 그런 아이가 아니에요."

그 반응은 아이를 지키고 싶은 마음에서 나왔을 것이다. 그러나 그 믿음이 단단할수록 정작 아이가 보내는 신호는 부모에게 닿지 못한 채 사라지고 만다.

한 아이가 있었다. 수업 시간마다 친구에게 장난을 걸고, 말끝마다 비꼬는 표현을 덧붙였다. 처음에는 장난처럼 보였다. 하지만 주의를 주어도 행동은 전혀 달라지지 않았고, 결국 친구가 울음을 터뜨리며 교실을 뛰쳐나가는 일이 벌어졌다.

담임교사는 아이의 부모에게 상담을 요청했다. 그 부모의 반응은 단호했다.

"우리 아이는 원래 말이 없어요. 조금 직설적이긴 해도 상처를 주려고 하는 아이는 아니에요. 집에서는 말을 잘 듣는 편이에요."

부모는 아이를 믿고 있었지만, 문제는 아이의 교실에서의 모습은 부모가 알고 있는 모습과는 너무 다르다는 것이었다. 교사는 조심스럽게 아이의 수업 장면이 담긴 짧은 영상을 보여주었다. 영상 속에서 아이는 친구를 향해 웃으며 무심히 말을 던졌고, 친구는 잠시 머뭇거리다 고개를 푹 숙이더니 이내 얼굴이 붉어졌고, 끝내 울음을 터뜨리며 교실을 뛰쳐나갔다.

아이의 표정은 장난처럼 가벼웠지만, 아이가 한 말은 친구에게 분명 큰 상처를 주었다. 부모는 한동안 아무 말도 하지 못했다. 아이가 누군가에게 상처를 줄 수 있다는 사실이 너무 낯설고 믿기 어려웠기 때문이다.

아이에게 왜 그랬는지 물었을 때 아이는 이렇게 말했다. "그냥 재미있으라고 한 건데요." 그 아이의 본심은 사실 친구에게 상처를 주려던 게 아니라 단지 자신의 감정을 어떻게 말해야 할지 방법을 몰랐던 것뿐이다.

부모는 "처음으로 내가 보는 아이의 모습이 전부는 아닐 수도 있겠다는 생각을 하게 되었어요"라고 말했다. 부모는 집에서 보이던 얌전한 모습만으로 아이를 이해해왔던 지난 시간이 떠오르며 아이에 대한 단단한 믿음이 오히려 아이의 마음을 가리고 있었을지도 모른다고 생각하게 된 것이다.

그 부모는 아이의 말투를 고치려 애쓰던 자신이 정작 아이의 감정을 들을 준비는 되어 있지 않았다는 걸 인정하게 되었다. 그리고 아이를 바꾸기보다 아이를 받아들이는 자신의 태도를 조금씩 바꾸기 시작했다. 그 변화는 아이에게 "너의 마음을 알고 싶어"라는 신호로 전해졌고, 아이는 그 신호를 느낄 수 있었다.

그렇게 한 가정 안에서 작은 변화가 시작되었다. '내 아이는 그럴 리 없다'는 막연한 믿음을 내려놓고, 아이의 진짜 감정을 들으려는 시도가 만들어낸 변화였다.

이와 비슷한 사례들을 방송 프로그램에서도 자주 접할 수 있다. 〈요즘 육아 금쪽같은 내 새끼〉라는 프로그램에 등장한 어느 가족이 있었다. 아이는 분노를 전혀 조절하지 못했고, 물건을 던지거나 울부짖으며 감정을 쏟아내기만 했다. 영상을 본 부모는 고개를 절레절레 흔들며 말했다. "원래 이런 애가 아닌데요. 카메라가 있어서 더 그런 것 같아요."

하지만 촬영은 일상 속에서 무작위로 이루어진 것이었고, 아이의 분노는 부모가 감정을 억누르려 할 때마다 더 거칠게 튀어나오고 있었다. 전문가의 설명이 이어지자 부모는 눈물을 흘리며 조용히 고백했다. "그동안 아이의 감정은 전혀 보지 못했어요. 그저 행동을 고치려 했던 것 같아요."

많은 부모가 아이의 격한 행동을 처음 마주할 때, 감정적으로 부정부터 하게 된다. '이 아이가 이런 행동을 한다는 건, 내가 뭘 잘못한 걸까?'라고 아이의 행동이 곧 자신의 양육을 반영한다고 느끼기 때문이다. 그래서 부모는 자신을 지키기 위해 아이의 행동을 부정하게 된다. 하지만 아이는 집과 밖에서 다르게 반응하며, 또래 안에서 실수하고 갈등하며 감정을 배운다. 만약 아이의 행동이 완벽해야 내가 괜찮은 부모라고 느낀다면, 우리는 늘 아이의 실수를 나의 실패처럼 받아들이게 된다. 그리고 그때마다 아이를 있는 그대로 바라보는 것이 아니라 내가 받아들일 수 있는 모습만 보려고 한다.

부모는 아이가 달라지기를 바라기 전에 '괜찮은 부모여야 한다'는 자신에 대한 기준을 내려놓아야 한다. 그래야 비로소 아이의 마음이 선명하게 보이기 시작한다. 대부분의 부모는 아이의 실수보다 그 실수가 나를 흔들까 봐 더 두려워한다. 그래서 때로는 아이를 바로잡으려 애쓰기보다 먼저 나 자신을 붙잡고 싶은 마음이 앞선다. 하지만 그 순간 아이가 보내는 신호는 마음 깊숙한 불안에 가려져서 보이지 않게 된다.

'내 아이는 절대 그럴 리 없다'는 믿음은 부모로서의 사랑이지만, 그 믿음이 너무 단단해질수록 아이를 제대로 보지 못한다. 그 생각에서 한 발 물러날 수 있을 때, 비로소 부모는 아이의 진짜 마음을 들을 준비를 하게 된다.

교육학자 하임 기너트는 《부모와 아이 사이》에서 부모가 아이의 말투나 행동만을 보고 아이를 판단할 때, 아이의 진짜 마음을 놓치기 쉽다고 지적했다. 부모가 아이에 대한 지적을 들었을 때 방어적으로 반응하면, 그 순간 아이가 보내는 신호는 더 이상 들리지 않게 된다는 것이다. 그는 아이의 언어와 행동을 곧바로 바로잡기보다 그 안에 담긴 감정을 먼저 이해하려는 태도가 필요하다고 강조했다. 아이의 표현은 아직 미성숙할 수 있지만, 말과 행동 속에는 다듬어지지 않은 감정이 담겨 있기 때문이다.

말이 서툴고 표현이 거칠더라도 그 안에 담긴 감정을 부모가 먼저 인정해주면 아이는 비로소 자신의 마음을 정직하게 바라보는 법을 배워간다. 감정은 반드시 말투로만 드러나지는 않는다. 때로 아이의 말투만이 아니라 말하지 않는 방식에도 감정이 숨어 있다.

자꾸만 거짓말을 하는 한 아이가 있었다. 양치질을 하지 않고도 "했어요"라고 말하고, 동생을 밀고도 "쟤가 먼저 때렸어요"라고 변명했다. 문제는 거짓말 그 자체가 아니었다. 아이의 말 뒤에는 '혼날까 봐', '미움받을까 봐'라는 두려움이 숨어 있었다. 그러한 두려움은 감정을 감추고 자신을 지키기 위한 방식으로 거짓말을 선택하게 만들었다.

이러한 맥락을 부모가 이해하기 시작했을 때, 비로소 문제의 본질이 보이기 시작했다. 부모는 아이의 말을 바로잡는 데서 멈추지 않고, 그 말을 선택하게 만든 감정에 귀를 기울였다. 그때부터 부모는 아이의 입을 막기보다 아이가 마음을 열도록 노력했다. 그러한 변화는 아이에게도 전해져 이전에는 자신의 감정을 감추기에 바빴던 아이가 점차 말을 통해 자신의 마음을 내보였다. 이처럼 아이는 감정을 숨기고 싶을 때, 자신을 지키기 위해 다른 언어를 선택한다.

2021년 한국청소년정책연구원의 조사에 따르면, 중고등학생의 60% 이상이 친구와의 갈등을 경험했고, 그중 절반 이상은 부모에게 털어놓지 않았다고 한다. 그 이유는 "말해도 믿어주지 않을 것 같아서" "화를 낼 것 같아서"와 같았다. 아이들이 부모에게 말하지 못하는 이유는 결국 부모가 감정을 들을 준비가 되어 있지 않기 때문이다.

그렇다면 감정을 들을 준비가 된 부모의 태도는 어떤 변화를 만들어낼까?

김윤나 작가는《엄마의 말 그릇》에서 이렇게 말했다. "아이의 감정을 흘러가게 하라." 부모가 먼저 판단하고 해석하려 들면, 아이는 감정을 포기하고 침묵을 선택한다. 그러나 감정을 있는 그대로 받아들이는 부모 앞에서는 아이도 감정을 숨기지 않는다. 그러면 아이는 실수조차 숨기지 않고 꺼낼 수 있게 된다.

우리가 아이의 실수를 아이의 일부로 받아들일 수 있을 때, 아이는 그 실수를 감추지 않고 드러낼 수 있는 용기를 얻게 된다. 실수는 곧바로 바로잡아야 할 결함이 아니라 함께 돌아보며 의미를 찾을 수 있는 성장의 지점이다.

아이가 실수했을 때 "그럴 수 있지"라고 말해주는 부모는 아이의 행동을 통제하려는 사람이 아니라 아이가 자기 자신을 정직하게 마주할 수 있도록 곁을 지켜주는 사람이다. 그런 태도 앞에서 아이는 실수를 숨기지 않아도 된다는 안도감을 느끼고, 자신의 마음과 행동을 스스로 돌아볼 힘을 키워간다. 부모의 "그럴 수도 있겠구나"라는 한마디는 아이에게 변명을 허락하는 말이 아니라 마음을 꺼내도 괜찮다는 신호가 된다. 그러면 아이는 실수를 인정하고 개선해나가는 법을 배울 수 있는 기회를 갖게 된다.

오랫동안 현장에서 아이들을 가르치고 내 아이를 키우며 깨달은 바는 진짜 교육은 '내가 아이를 어떻게 바꿀까'를 고민하는 것이 아니라, '나는 지금 어떤 시선으로 아이를 바라보고 있을까'를 돌아보는 과정을 통해 이루어진다는 것이다.

아이의 문제를 부정하는 말보다 그 마음을 들으려는 한마디가 아이와의 관계를 바꾼다. "그럴 리 없어"라는 말 대신 "그럴 수도 있겠구나"라고 말해줄 때 아이는 조금씩 마음을 열기 시작한다.

오늘 하루 아이가 내게 보여준 모습을 떠올려보자. 혹시 그 모습 중에서 내가 보고 싶지 않았던 부분은 없었을까? 그리고 그 순간 나는 어떤 말을 건넸는지 돌아보자. 아이의 진짜 마음을 만나기 위해서는 내가 어떤 말을 건네야 하는지 고민해보자.

감정을 존중받는 경험은
회복탄력성의 밑거름이 된다

요즘은 감정을 솔직하게 표현하는 것이 중요하다고 말한다. 억누르지 말아야 하고, 숨기지 말아야 한다는 목소리가 크다. 그러나 준비되지 않은 마음에 던지는 무차별적인 물음은 감정을 억지로 끌어내게 만드는 압박이 될 수도 있다.

초등학교 4학년 아이가 내게 이렇게 말했다. "엄마는 맨날 궁금한 게 많아요. 이것저것 계속 물어봐요."

아이의 엄마는 세심하고 따뜻한 사람이었다. 혹시 아이가 속상한 일이 있다면 혼자 상처를 감당하고 있는 것은 아닌지 늘 불안해서 항상 아이에게 물었다. 아이가 "아무 일 없다"고 말해도 그 말이 진짜인지 의심이 들었기 때문이다.

아이는 내게 이렇게 털어놓았다. "처음에는 하나도 안 속상해도 엄마가 계속 물어보면 진짜 속상해져요. 또 엄마가 계속 궁금해하니까 저도 아무 말이나 해요."

이런 순간이 반복되면, 아이는 느낀 그대로가 아니라 상대가 듣고 싶어 하는 감정을 말하는 법을 익힌다. 부모는 그 말을 진심이라 믿지만, 사실은 아닐 때가 많다.

하루는 아이가 친구와 다툼이 있었다고 가볍게 이야기했다. 그러자 엄마는 곧바로 물었다. "그래서 속상했어?" 아이는 잠시 생각하다가 말했다. "아니 그냥 그랬어." 그러나 엄마는 다시 물었다. "그래도 기분 나빴을 거 아니야. 엄마한테 말해봐."

처음에는 없었던 속상함이 엄마의 반복된 질문으로 인해 아이의 마음속에서 모양을 갖췄다. '사실 그렇게 속상하지 않았는데, 생각해 보니 화가 나네. 뭔가 기분이 너무 나빠.'

아이가 친구와 다투었다는 말을 들은 순간, 엄마는 그 친구에게 당장이라도 전화를 걸고 싶은 심정이었다. 상황을 그냥 두고 볼 수 없는 마음이 솟구쳐 결국 아이 대신 해결해버렸다.

이렇게 되면 아이는 스스로 감정을 다루고 관계를 회복하는 힘을 키울 기회를 잃게 된다. 내 감정은 내가 감당하는 것이 아니라 누군가에게 맡기면 되는 것으로 배우게 된다. 감정은 누군가가 대신 살아줄 수 없는, 자기 삶의 일부다. 진짜 회복력은 누군가가 대신 싸워줄 때가 아니라 스스로 감정을 견디고 조절하는 과정에서 자라난다.

하버드 아동발달센터는 연구를 통해 다음과 같은 결과를 발표했다. "아이가 감정을 표현하도록 강요받는 환경은 단기적으로는 반응을 유도하지만, 장기적으로는 자율성과 회복탄력성 발달에 부정적 영향을 줄 수 있다."

감정은 표현해야 할 의무가 아니라 표현해도 괜찮다고 느낄 수 있는 분위기 속에서 자연스럽게 흘러나와야 한다. 그래서 부모의 역할은 아이가 스스로 감정을 보여주도록 곁을 지켜주는 것이다.

세계적인 테니스 선수 로저 페더러의 어머니 린느는 이렇게 말했다. "어릴 적 로저가 울 때, 저는 가르치려 하지 않았어요. 그저 곁에 있었죠. 울음을 다 멈출 때까지요."

울음이 가라앉을 때까지 지켜봐 준 시간 덕분에 로저는 스스로 마음을 다스리는 법을 배웠다. 감정을 다 쏟아내도 괜찮다는 경험이 패배나 좌절 앞에서도 무너지지 않는 힘이 되었다. 린느의 태도는 감정을 꺼내게 하는 말보다 아이의 감정을 존중해주고 곁을 지키는 침묵이 아이에게 더 큰 힘이 될 수 있음을 보여준다.

우리는 종종 기다림보다 말을 먼저 선택한다. 아이의 마음을 알고 싶어서, 다독이고 싶어서 질문을 건넨다. 그 순간 한 번쯤 이렇게 물어보자. "이 질문은 누구를 위한 것일까?"

아이를 향한 질문 속에는 두 가지 마음이 뒤섞여 있을 것이다. 하나는 "괜찮다"는 말을 듣고 안도하고 싶은 마음과 또 하나는 그 말 뒤에 숨어 있을지 모르는 불안을 확인하고 싶은 마음이다.

"괜찮다"고 아이가 대답하면 잠시 마음이 놓이지만 곧 '정말 괜찮은 걸까?'라는 생각이 따라온다. 그러한 불안은 나를 재촉하고, 아이가 준비되지 않은 마음을 꺼내도록 압박한다. 이 두 마음이 내 안에 있음을 인정하면, 불안이 나를 흔들지 못한다. 그때부터 아이를 서두르지 않고 기다릴 수 있다. 기다림 속에서 아이는 준비됐을 때 마음을 꺼낼 수 있고, 그 순간 부모는 아이의 진짜 마음에 닿게 된다.

사랑은 말보다 기다림일 수 있고, 조언보다 눈빛일 수 있으며, 반응보다 공간일 수 있다.

아이가 자기 감정을 꺼낼 수 있도록 기다려주는 것이 부모가 자녀에게 줄 수 있는 가장 큰 위로다.

제2장

공감은
훈육보다
강하다

공감 대화법은
아이 마음의 벽을 허문다

부모가 먼저 마음을 꺼내 보이지 않으면 아이들은 쉽게 방어적으로 변한다. "네가 틀렸다"라고 말하면 반발심이 먼저 생기지만, "너를 이해하려 한다"는 공감을 전달하면 아이는 마음의 문을 연다.

아이는 책상 앞에 앉아 있다가 갑자기 고개를 들었다. 한참을 망설이던 끝에 입을 열었다.

"나 너무 공부하기 싫어. 게임만 하고 싶어."

그 말을 듣는 순간, 엄마는 하루 종일 쌓여 있던 피로가 한꺼번에 밀려왔다.

"지금 그 말이 말이 된다고 생각해? 다들 하기 싫어도 하는 거야."

"게임만 하고 싶다는 말이 왜 나와? 그래서 성적이 그 모양인 거잖아."

"엄마가 몇 번을 말했어. 이렇게 계속하면 나중에 후회해."

아이는 더 이상 말하지 않았다. 고개를 숙인 채 입을 꾹 다물었다. 말은 멈췄지만, 마음속은 더 심란해졌다. '또 혼났네. 괜히 말했어.'

그날 저녁, 아이는 아무 일도 없었던 것처럼 행동했다. 하지만 그 이후로 힘든 마음이 올라오는 순간마다 엄마에게 말을 꺼내는 일은 점점 줄어들었다. 며칠 뒤 저녁 무렵이었다. 아이는 소파에 앉아 리모컨을 만지작거리다 고개를 들었다.

"나 너무 공부하기 싫어. 게임만 하고 싶어."

잠시 침묵이 흘렀다. 그 말을 들은 아빠는 순간 감정이 올라왔다. 그러나 아빠는 그 감정을 그대로 내보이지 않고, 잠시 숨을 고른 뒤 이렇게 말했다.

"아빠도 그럴 때 많아. 회사 일이 너무 많고 힘들면 그냥 다 내려놓고 싶을 때가 있어."

아이는 고개를 들어 아빠를 바라보았다. 놀란 표정이었다.

"진짜? 아빠도 그래?"

아빠는 고개를 끄덕였다.

"응. 그래서 그럴 때마다 내가 왜 힘든지부터 생각해보려고 해."

그날 이후 아이는 힘든 날이면 먼저 물었다.

"아빠, 오늘 힘든 일 있었어?"

똑같은 상황이었지만, 엄마와 아빠의 반응은 완전히 달랐다. 그리고 부모가 어떤 마음으로 반응했는지에 따라 아이의 마음은 전혀 다른 방향으로 움직였다. "왜 그런 말을 하느냐"는 질문은 아이를 방어하게 만들었고, "나도 그런 적이 있다"는 고백은 아이의 마음의 문을 열었다. 아이에게 먼저 마음을 보여주는 것은 잘잘못을 가리기 전에 '나는 너를 이해하려고 한다'는 신호를 건네는 일이다. 그 신호가 전달될 때, 아이는 방어를 내려놓고 이야기를 들을 준비를 한다. 그 순간부터 부모와 아이의 대화가 시작될 수 있다.

또 한 가지 중요한 사실은 아이를 이해하기 위해서는 먼저 나 자신을 이해해야 한다는 점이다. 내가 무엇에 지치고, 언제 마음이 닫히는지 아는 사람만이 아이의 마음이 닫히는 순간도 알아볼 수 있다. 그래서 좋은 부모가 되는 길은 아이를 바꾸는 기술보다 나를 이해하고 다잡는 것에서부터 시작된다. 훈육이든 조언이든 아이의 마음이 닫힌 상태에서는 그 어떤 말도 아이에게 제대로 받아들여지지 않는다.

심리학자 브레네 브라운은《진정한 나로 살아갈 용기》에서 이렇게 말했다. "연결은 누군가 먼저 자신의 취약함을 드러낼 때 시작된다." 여기서 취약함을 드러낸다는 것은 약점이나 부족함을 드러내는 것이 아니라 있는 그대로의 나를 보여주는 용기를 말한다.

부모에게 취약함이란 완벽하지 않은 모습, 실수한 경험, 때로는 지치고 힘든 마음까지 포함한다. 부모는 아이 앞에서 강한 모습만 보여주려 하지만, 그 강함이 오히려 마음의 거리를 만들 때가 많다. 아이는 부모가 완벽해서가 아니라 자신과 같은 마음을 가진 사람이라는 걸 알 때 마음을 연다.

부모가 먼저 마음을 꺼내서 보여주면 아이와의 대화의 온도가 달라진다. 같은 상황이라도 감정으로 맞서면 대립으로 번지지만, 마음을 설명하면 관계가 한 걸음 가까워진다. 아이는 나를 몰아세우는 게 아니라 함께 풀어가려는구나 라고 느끼게 된다.

이런 경험이 쌓이면, 아이는 부모를 단순한 지시자가 아니라 자신의 이야기를 들어주는 '한편'으로 생각한다. 그 '한편'이 있다는 믿음은 아이가 세상에서 어떤 난관을 만나고 좌절을 겪을 때 그것을 극복할 수 있는 든든한 힘이 된다. 또한 아이는 부모가 보여주는 감정의 언어에서 많은 것을 배운다. 자신의 감정을 표현하는 법도 부모가 나를 대하는 태도 속에서 배운다.

진정한 훈육은 감정을 다스리는 기술이 아니라 아이에게 진심을 건네는 용기에서 시작된다. 부모가 먼저 마음을 열면, 아이는 '감정을 이야기해도 되는 사람'으로 자란다. 그런 아이는 누군가의 마음에 귀 기울일 줄 알고, 마음이 다쳤을 때 스스로 회복할 줄 알며, 자신의 마음을 솔직하게 말할 수 있는 사람이 된다.

상황별 마음을 먼저 보여주는 대화법

- **아이가 거친 말로 감정을 표현할 때**

  아이: "싫어!"

  부모: "엄마도 사실 그럴 때 있어. 그럴 땐 '지금 하고 싶지 않아'나 '잠깐만'처럼 말하면 네 마음이 더 잘 전해져."

- **아이가 거짓말을 하거나, 반복된 실수를 했을 때**

  아이: "안 했어! 몰라."

  부모: "아빠도 어릴 땐 혼날까 봐 거짓말한 적 있어. 그 마음이 너도 정말 불안하고 무서울 거야. 그런데 솔직하게 말하면, 도와줄 방법을 함께 찾을 수 있더라."

- **아이가 포기하려 할 때**

  아이: "나는 못해."

  부모: "엄마도 예전엔 자꾸 틀리면 '난 못하나 봐' 하고 포기했어. 그땐 너무 힘들었지만, 조금이라도 해본 경험이 결국 힘이 되었어."

'너는 왜?'보다 '나도 그랬어'로 시작하면 아이가 마음의 문을 연다. 짧게 공감하고, 부드럽게 제안하자!

설득보다 설명이
더 강력한 이유

하루는 아이가 현관문을 열자마자 속상한 표정을 지은 채 서서 말했다. "엄마, 우리 반에서 나만 핸드폰 없어."

나는 사실 아이에게 핸드폰을 최대한 늦게 사주고 싶은 마음이었다. 원래 아이에게 3학년 12월에 핸드폰을 사주기로 약속을 했지만, 아이는 그때까지 기다리기가 힘들었던 것이다.

순간 내 마음속에는 두 가지 감정이 부딪쳤다. '아직은 안 돼'라는 원칙과 '이해는 돼'라는 공감 사이에서 갈등했다. 어떻게 이 상황을 풀어갈지 고민스러웠다. 단호하게 설득을 하는 것이 나은지, 아니면 시간이 걸리더라도 대화를 통해 스스로 판단하도록 돕는 것이 나은지 고민이 되었다.

설득은 즉각적인 통제력을 가진다. 그리고 부모가 익숙한 방식이다. 강한 주장, 감정적 호소, 단호한 어조는 아이의 반응을 원하는 방향으로 빠르게 이끌 수 있다. 예전 같았으면 나는 이렇게 말했을 것이다. "윤하야, 핸드폰이 생기면 게임에 빠질 거고 공부에도 집중하지 못하게 돼. 약속했잖아. 생일에 사주기로. 지금은 아니야."

이 말은 아이의 보챔을 잠시 멈추게 할 수는 있지만, 아이 스스로 판단할 여지를 주지 않는다. 감정을 억누른 동의는 오래가지 못한다. 반면, 설명은 시간이 걸릴 수 있지만, 아이가 스스로 판단하고 선택하는 힘을 키워준다. 그래서 나는 설명을 선택했다. 내가 말하고 싶은 것을 전하는 것이 아니라 아이가 생각할 기회를 주는 것이 목표였다.

나는 아이를 거실 소파로 불러서 시선을 맞추고 조심스럽게 말을 꺼냈다. "윤하야, 속상했겠다. 친구들 다 있는데 너만 없다고 느끼면 마음이 그럴 수 있지. 그런데 엄마는 네가 이걸 함께 생각해보면 좋겠어."

나는 얼마 전 들었던 교육 강의를 아이 눈높이에 맞춰 전해주었다. "윤하야, 엄마가 최근에 강의에서 들은 건데, 어릴 때 핸드폰을 너무 일찍 쓰면 친구랑 놀거나 이야기하는 시간이 줄 수 있대. 또 밤에 잠을 잘 못 자거나, 마음이 불안해지는 경우도 있고.

하버드 의대 연구에서도 그런 화면 자극을 자주 보면 집중하기가 점점 어려워진다고 하더라. 엄마는 그게 조금 걱정됐어."

아이는 옆에서 내 말을 조용히 들었다. 나는 두려움을 조장하거나 단호하게 말하지 않았다. 대신 아이의 눈을 바라보며 말했다. 그리고 이렇게 덧붙였다. "엄마는 윤하가 책임감 있게 핸드폰을 사용할 수 있는 준비가 되면 꼭 사줄 거야. 지금은 그 준비를 같이 해보고 싶어."

나는 아이가 내 말을 곰곰이 생각해볼 수 있도록 말의 속도를 조금 늦췄다. "엄마는 윤하가 엄마가 무조건 반대한다고 느끼지 않았으면 좋겠어. 엄마는 윤하가 자기 감정을 조절하고, 시간을 계획할 수 있게 되면 핸드폰을 갖는 게 더 좋다고 생각해. 윤하의 생각은 어때?"

그날 밤, 우리는 긴 대화를 나누었다. 나는 옳고 그름을 알려주려는 목적이 아니라 함께 생각해보자는 마음으로 이야기했다. 아이는 스스로를 방어하지 않았고, 우리의 대화는 함께 해답을 찾아가는 시간이 되었다.

며칠 뒤, 아이는 자신의 결정을 내게 전했다. "생각해보니까 지금은 제가 스스로 시간을 조절하는 게 어려울 것 같아요. 엄마 말처럼 연습도 필요할 것 같고요. 12월까지 기다릴게요."

이 결정은 단순히 기다려준다는 의미가 아니었다. 아이가 자기 판단의 기준을 잘 세우고 있다는 증거였다. 그리고 그것은 어느 날 갑자기 생긴 결과가 아니라 설명하고 함께 고민하며 쌓아 온 일상의 대화 속에서 조금씩 자라난 것이었다.

내가 주변 부모들에게 이 이야기를 들려주면 대부분의 반응이 아이가 어떻게 그런 말을 하느냐고 묻는다. 하지만 아이와 함께 질문하고 답을 찾는 시간을 갖는다면 충분히 가능한 일이다. 이런 경험이 쌓일수록 아이는 스스로 생각하고 선택할 수 있는 힘을 얻게 된다.

물론 모든 결정이 이렇게 안정적으로 흘러가지만은 않는다. 많은 부모가 "그런데 아이가 잘못된 결정을 내리면요?"라고 묻는다. 아무리 충분히 설명했어도 아이가 충동적으로 선택하거나 예기치 않은 방향으로 행동할 수 있다. 이럴 때 대부분의 부모는 다시 설득하거나 통제하려 한다. 하지만 아이가 선택한 결과를 경험해보는 것은 가장 좋은 배움의 기회다. 실패해도 괜찮다. 스스로 결정하고 결과를 마주하는 경험이 아이의 사고력을 길러 준다.

자녀교육 전문가 토마스 고든은 부모 역할에 대해 이렇게 말했다. "아이에게 명령하기보다 이해를 돕는 설명을 하라. 그것이 자율성을 키우는 첫걸음이다."

설득은 부모의 뜻을 전하는 방식일 수 있다. 하지만 설명은 아이의 생각이 자라나게 하는 방식이다. 그래서 나는 아이와 생각이 다를 때는 설명을 선택한다.

심리학 이론에서도 설명의 힘을 이야기하고 있다. 스탠퍼드대학교 심리학과의 캐롤 드웩 교수는 아이의 성장 과정에서 '내가 해봤고, 실수했으며, 다음엔 더 잘할 수 있다는 믿음'이 자율성과 책임감을 키운다고 강조했다. 이 믿음은 하루아침에 생기는 것이 아니다. 반복된 경험 속에서 형성되며, 그 경험은 아이가 직접 결정하고 결과를 겪을 때 비로소 생겨난다.

부모는 아이가 생각하도록 돕는 사람이 되어야 한다. 아이가 직접 결정을 내리고, 그 결과를 돌아보며 배우게 하는 것이 부모의 진정한 역할이자 진짜 교육이다. 때로는 잘못된 결정을 하더라도 그 경험이 다음 선택을 더 나은 방향으로 이끄는 자산이 될 수 있다면, 그 실패조차 귀중한 성장의 일부가 된다.

물론 모든 결정을 아이에게 맡겨야 한다는 뜻은 아니다. 연령과 상황에 따라 부모는 분명한 기준과 가이드라인을 제시해야 한다. 설명을 한다는 것은 '전부 네가 결정해'라는 방임이 아니라 '함께 이해하고 판단해보자'는 동행의 과정이다. 아이가 정할 수 있는 범위를 연령에 맞게 명확히 설정하고, 그 안에서 스스로 선택해볼 수 있도록 이끄는 것이 부모의 지혜다.

그렇다면 이것을 현실에서 어떻게 실천할 수 있을까? 핵심은 일상의 작은 선택에서부터 연습을 시작하는 것이다.

- 아이가 선택할 수 있는 작은 결정을 일상 속에 포함시킨다.
- 대화할 때는 정보를 제공하고 질문을 던지는 구조로 접근한다.
- 결정 후에는 함께 결과를 되짚어보는 시간을 마련한다.
- 잘못된 결정을 했더라도 즉시 고치려 하지 말고, 과정을 이해하게 돕는다.
- 부모는 해답을 주기보다 사고를 유도하는 질문을 던지는 역할을 한다.

이러한 훈련은 아이의 나이에 따라서 단계적으로 적용해야 한다.

- 유아기: '이 옷 입을까, 저 옷 입을까?'처럼 단순한 선택을 제시한다.
- 초등 저학년: 놀이 시간, 정리 정돈 등 일상적인 선택을 스스로 하게 한다.
- 초등 고학년: 약속이나 규칙 설정에 아이의 의견을 반영해 책임감을 기르게 한다.

- 청소년기: 부모는 조언자 역할에 머무르되 실제 결정은 아이가 내리도록 유도한다.

작은 선택에서 시작해 점차 더 복잡한 결정을 해보도록 돕는 과정은 아이의 판단력과 자율성을 키우는 가장 현실적이고 실용적인 방법이다. 아이의 판단력은 이러한 연습을 통해서 성장하게 된다. 어릴 때부터 이런 경험을 쌓지 않으면, 나중에는 책임을 회피하거나 부모에게 의존할 가능성이 크다.

부모 입장에서 이 과정은 결코 쉽지 않다. 때로는 지치고, 설명 대신 "그냥 하지 마!"라는 말이 더 편할 때도 있다. 하지만 그렇게 결정해버리면 아이는 스스로 선택하는 능력을 키울 기회를 잃게 된다. 그리고 그 책임은 결국 부모에게 돌아온다.

우리가 아이에게 해야 할 것은 핸드폰을 언제 사주겠다는 대답보다 핸드폰을 언제 사는 것이 좋은지 스스로 판단할 수 있는 힘을 길러주는 것이다.

이 모든 것은 아이가 자기 결정력을 키우도록 하는 훈련의 과정이다. 아이와 갈등이 생기는 상황이 되면 가장 먼저 자신에게 이렇게 물어보자. '이 상황에서 아이가 진정 배워야 할 건 무엇일까?'

아이가 스스로 선택하고, 그 결과를 받아들이는 연습이야말로 부모가 해줄 수 있는 가장 실용적인 교육이다.

　설득은 순간의 이해를 남기지만, 설명은 삶의 태도를 길러 준다.

아이들은 왜 자꾸
부모의 사랑을 확인하려고 할까?

"엄마, 내가 바퀴벌레가 되면 어떻게 할 거야?"

딸아이가 어느 날 엉뚱한 질문을 던졌다. 웃음이 나왔지만 곧 궁금해졌다. "그건 또 무슨 질문이야?"

알고 보니 친구들 사이에서 유행하는 '바퀴벌레 챌린지'라는 놀이였다. 그런데 그 장난스러운 질문 뒤에는 아이의 다른 마음이 숨어 있었다. '엄마는… 지금 내 모습이 아니어도 날 사랑할까?"

아이는 농담처럼 건넨 말이었지만 자신이 보기 싫은 모습이 되더라도, 실수투성이여도 여전히 사랑받을 수 있을지 정말 궁금했던 것이다. 또 말을 잘 들을 때에만, 잘하고 있을 때에만 사랑받을 수 있는 것은 아닌지 두려움이 숨어 있었던 것이다.

사실 그것은 아주 오래전부터 부모인 우리 안에도 있던 물음이다. '엄마는 내가 잘못해도 사랑해줄까?' '아빠는 내가 말을 안 들어도 사랑해줄까?'라고 가졌던 그 마음을 지금 내 아이가 물어보고 있는 것이다.

아이들의 마음에 이런 물음이 떠오르는 순간은 자주 찾아온다. 시험에서 실수했을 때, 친구와 다투고 돌아왔을 때, 말을 듣지 않고 잘못을 저질렀을 때 마음속에는 '그럼에도 엄마 아빠는 나를 사랑해줄까?'라는 의문을 갖고 있다. 심리학자들은 이를 '조건 없는 수용에 대한 욕구'라고 일컫는다.

"엄마, 나 미워?" "엄마, 나 사랑해?"

하루에도 몇 번씩 같은 질문을 반복하는 아이가 있다. 부모는 처음에는 웃으며 대답하다가도 어느 순간 '이제 그만 좀 물어보면 안 될까?'라는 마음이 스친다. 사실 이런 순간이 부모가 아이 이전에 자신의 마음을 살펴야 하는 때다.

부모들은 왜 이런 질문이 귀찮게 느껴질까? 아이를 잘 키우기 위해서는 내 마음이 어떤 상태인지 먼저 살펴봐야 한다. 아이의 질문에 불편함이 올라온다면, 그것은 오늘 하루가 힘들어서일 수도 있다.

부모의 마음은 생각보다 쉽게 전해진다. 아무 말 하지 않아도 표정이나 말투, 몸짓에서 아이는 그 변화를 읽어낸다. 그래서 부모가 힘든 날일수록 아이는 더 자주 사랑을 확인하려 한다. 아이가 자꾸 그런 것을 물을 때는 그날따라 부모의 말투가 평소보다 조금 차가웠을 수도 있다. 대답은 했지만 아이에게 눈을 마주치지 않았을 수도 있다. 혹은 늘 하던 머리 쓰다듬기가 빠졌을 수도 있다.

아이는 이런 미세한 변화를 놓치지 않는다. 그리고 다시 묻는다. "정말 나를 사랑해?"

그 물음은 의심이 아니다. 마음속 불안을 잠재우려는 작은 신호다. 그 신호를 받아줄 수 있는 힘은 아이를 분석하는 기술에서 나오지 않는다. 내 감정을 먼저 이해하고 다스리는 힘에서 비롯된다.

어떤 아이는 그 질문을 말로 묻는다. 또 어떤 아이는 괜히 짜증을 낸다. 어떤 아이는 갑자기 말을 줄이며 거리를 둔다. 표현은 다르지만 그 속에 숨어 있는 감정은 하나다. 아이는 자신이 여전히 사랑받는 존재인지 확인하고 싶은 것이다.

사실 이런 마음은 아이들만의 것이 아니다. 부부 사이에서도 다음과 같은 질문들을 던지게 된다. "여보, 나 사랑해?" "내가 이렇게까지 했는데, 왜 고맙단 말 한마디가 없지?" "요즘 내 말에 반응이 없네. 나를 여전히 좋아해 주는 걸까?"

아이든 어른이든 사랑을 확인받고 싶어 하는 마음은 본능이다. 문제는 '말하지 않아도 알겠지'라는 생각이다. 사랑이 이미 존재한다고 생각하고 표현을 소홀히 하면 관계는 서서히 멀어지게 마련이다. 사랑은 존재하는 감정보다 느껴지는 감정이어야 한다. 그리고 그 감정은 반복되는 말과 행동을 통해서 전달된다.

부모가 "사랑해"라는 말을 자주 하지 않으면서 "내가 너를 위해 얼마나 고생했는데!"라는 말만 반복하면 아이와의 관계는 멀어질 수 있다. 배우자에게도 마찬가지다. 애정 표현은 하지 않으면서 "말 안 해도 알잖아"라고 거듭 강조하면 사랑이 식어갈 수 있다.

또 직장에서도 마찬가지다. 팀원이 한 달간 고생한 프로젝트를 마무리했는데, 상사가 "수고했어"라는 말 한마디를 하지 않는다면 어떨까? 직장은 서로 이익관계로 얽혀 있는 곳이지만, 기본적으로 서로에 대한 감정이 존재하지 않는다면 관계는 유지되기 어렵다. 인정과 감사, 애정 표현은 단지 기분을 좋게 하는 차원이 아니라 관계를 지속하게 하는 필수요소다.

캐나다 토론토 대학 연구진은 부모의 사랑 표현이 아이의 정서 안정에 어떤 변화를 주는지 6개월간 실험을 했다. 연구팀은 두 그룹의 부모와 아이를 비교했다. 한쪽은 매일 아침 아이를 꼭 안아주며 "사랑해"라고 말했고, 다른 쪽은 그 인사를 생략했다.

단 10초의 포옹과 세 글자의 말이었지만 결과는 확연히 달랐다. 사랑을 매일 표현해준 아이들은 정서 안정 지수가 평균 18% 더 높았다. 심리학자들은 "이 10초가 아이 마음속에 하루 종일 남아 보이지 않는 방패처럼 불안을 막아준다"고 말했다.

아침 시간에 가방을 메고 나가려는 아이를 살짝 끌어안으며 건네는 "사랑해"라는 한 마디는 하루 종일 아이 마음을 데워주는 햇살이 될 수 있다. 중요한 점은 몇 번 말했느냐보다 얼마나 진심을 담아 표현했는가다. 습관처럼 건네는 말은 공허하게 들릴 수 있지만, 진심이 담긴 말은 마음에 전달된다. 아이는 그 온기 속에서 하루를 버텨낼 힘을 얻을 것이다.

세계적인 상담가인 게리 채프먼은 《5가지 사랑의 언어》에서 이렇게 말했다. "사랑이라는 감정은 표현하는 사람보다 그것을 느끼는 상대에게 전달되는 방식이 더 중요하다." 사랑은 주는 사람의 의도보다 받는 사람이 어떻게 느끼는지가 더 중요하다는 의미다.

아이들의 사랑을 확인받으려는 질문 속에는 그만큼 중요한 존재가 되고 싶다는 간절한 마음이 담겨 있다. 사랑을 확인받고 싶은 욕구는 결핍이 아니라 관계 사이의 자연스러운 신호다. 그 신호를 귀찮아하지 않고 받아줌으로써 아이와의 관계는 더 단단해질 수 있다.

내 아이가 "엄마(아빠), 나 사랑해?"라고 묻는다면, 이렇게 대답해주자. "당연하지. 많이 사랑하지."

그리고 물을 때마다 사랑한다고 대답해주자. 그 반복적인 대답 속에서 아이는 부모의 사랑을 확신하고 관계의 안정감을 느낄 수 있다.

내성적이고 말이 적은 아이에게
필요한 것

얌전하고 말이 없는 아이들은 종종 손이 덜 가는 아이로 여겨진다. 시끄럽게 굴지 않고, 자기 할 일을 알아서 하며, 큰 문제를 만들지 않으니 교사나 부모 입장에서는 안심이 된다. 그러나 그 조용함이 꼭 편안함을 의미하는 것은 아니다. 말이 적다고 해서 관심을 바라지 않는 것도 아니다.

어떤 아이는 마음속으로 누가 자신에게 말을 걸어주기를 기다리고 있을지도 모른다. 하지만 그런 신호는 눈에 잘 띄지 않는다. 아이가 먼저 다가오지 않으니 주변 사람들도 점점 그 아이에게 말을 거는 횟수가 줄어든다.

소아정신과 분야 최고 권위자 대니얼 시겔과 심리치료사 티

나 페인 브라이슨의 공저 《아직도 내 아이를 모른다》에서는 아이의 뇌는 감정을 느낀 뒤 그 감정을 말로 정리하기까지 충분한 시간이 필요하다고 설명했다. 그 말은 아이가 즉시 대답하지 않는 순간에도 머릿속에서는 많은 일이 일어나고 있다는 사실을 의미한다.

신경과학 연구에 따르면, 뇌에서 감정을 담당하는 편도체와 사고를 관장하는 전두엽의 연결 회로는 청소년기까지 완전히 발달하지 않는다. 편도체가 먼저 강하게 반응해 감정을 만들어내면, 전두엽은 그 감정을 해석하고 말로 옮기는 데 시간을 쓴다. 어른의 뇌는 이 과정이 비교적 빠르지만, 아이의 뇌는 연결 속도가 느려 감정의 소용돌이 속에서 단어를 찾는 데 오랜 시간이 걸린다.

그래서 말이 적은 아이들 중에는 어떤 일을 겪으면 즉시 말로 표현하기보다 먼저 감정을 충분히 느끼고 나서야 그 경험을 정리해 전달하는 아이가 많다. 대답이 늦다고 해서 무관심하거나 이해하지 못하는 것이 아니다. 오히려 대답을 서두르게 하면, 아직 준비되지 않은 생각을 억지로 꺼내느라 아이의 마음은 더 복잡해질 수 있다.

실제로 많은 아이가 잠시 침묵하다가 일정 시간이 흐른 뒤에야 "아까 속상했어" "그때 화가 났어"처럼 자신의 감정을 말하곤 한다. 그런 아이들은 단지 정리할 시간이 더 필요한 것이다.

　전학을 온 한 아이가 있었다. 처음 만났을 때부터 말이 적었고 표정 변화도 크지 않았다. 새로운 환경에 쉽게 마음을 열지 못하는 듯 보였고, 수업 중에도 거의 말을 하지 않았다. 그러나 피아노를 칠 때만큼은 달랐다. 작은 손끝이 건반 위를 조심스럽게 움직일 때, 그 아이는 소리 없는 언어로 자신의 마음을 전하고 있었다. 그래서 수업이 끝날 때마다 다정하게 말을 건넸다.

　"이 곡을 칠 때는 어떤 기분이 드니? 네가 말하지 않아도 네 마음이 전해지는 것 같아."

　"혹시 말하고 싶은데 아직 어렵다면 괜찮아. 선생님은 기다릴게."

　아이는 언제나 미소로 답했지만, 나는 서두르지 않았다. 준비되지 않았다면 그 상태 그대로 존중해주었다.

　그렇게 몇 주가 지났다. 어느 날, 아이가 내 질문에 작은 목소리로 "기분이… 차분해져요"라고 말했다. 그 한마디가 참 소중하게 느껴졌다. 비록 짧은 말이었지만, 아이가 스스로 마음의 문을 조금 열었다는 신호였다. 그리고 멀리 이사를 가던 날 그 아이는 나에게 손으로 쓴 편지 한 장을 전해주었다.

　'선생님, 제가 말을 잘 못해서 불편하셨죠? 사실 너무 쑥스러워서 말이 안 나왔어요. 그런데 선생님이 매일 저한테 말을 걸어주셔서 제가 관심을 받고 있다는 걸 느낄 수 있었어요. 정말 행복했고 감사했어요.'

아이는 말은 없었지만, 내 목소리를 들으며 나의 관심을 마음으로 느끼고 있었던 것이다.

비슷한 경험이 집에서도 있었다. 어느 날 아이가 친구와 다투었는데, 나는 외부 일정이 있어서 집에 없었다. 남편은 아이가 평소보다 기운이 없어 보이자 계속 이유를 물었다. "아빠가 도와주고 싶어서 그러는데 왜 아무 말도 안 해? 말해줘야 알지!"

하지만 아이는 고개만 숙인 채 말이 없었다. 남편은 계속 답답해했고, 그 순간 아이가 아빠에게 다가가 조용히 말했다. "아빠, 자꾸 물으니까 더 힘들어. 아직 정리가 안 됐는데 말하라고 하면 더 어려워."

그제야 남편은 아이가 이미 마음속에서 자신의 감정을 정리하고 있다는 사실을 깨달았다. 남편은 아이 곁에 앉아 부드럽게 말했다. "아빠가 너무 조급했어. 네가 준비될 때까지 기다릴게. 준비되면 언제든지 말해줘."

시간이 흐르고 난 뒤 아이는 아빠 옆에서 편안한 표정으로 낮에 있었던 일을 이야기했다. 아이는 진심을 담아 진지하게 이야기했다. 그날 이후 남편은 아이가 침묵할 때면 그 침묵을 견디며 옆에 있어주었다.

　세계적인 방송인 오프라 윈프리는 어린 시절에는 내성적이고 말이 적은 아이였다. 사람들과 쉽게 어울리지 못했고, 자신의 마음을 표현하는 법도 서툴렀다. 그러나 그녀 곁에는 기다려주는 어른들이 있었다. 말이 없어도 꾸준히 관심을 보이고, 준비가 될 때까지 기다려준 할머니와 선생님이었다. 훗날 오프라는 이렇게 말했다. "내가 말하는 법을 배우는 데는 오랜 시간이 걸렸다. 그러나 오늘날 내가 이렇게 된 것은 나를 재촉하지 않고 기다려준 사람들 덕분이다." 그 기다림은 그녀에게 '나는 말할 수 있는 사람'이라는 믿음을 주었고, 그 믿음이 그녀의 인생을 바꾸었다.

　부모의 입장에서는 아이의 침묵이 불안하게 느껴질 때가 많다. '혹시 이해를 못 한 건 아닐까?' '무슨 일이 있는 건가?'라는 생각이 스치기 때문이다. 이런 생각은 부모를 조급하게 만든다. 그러나 아이의 침묵은 단순한 무반응이 아니라 내면에서 정보를 정리하고 의미를 부여하는 과정일 수 있다. 심리학에서는 아이가 감정과 생각을 이해하고 말로 옮기기까지 각자에게 필요한 처리 시간이 있다고 말한다. 이 시간을 존중해줄 때, 아이는 자신의 생각을 차분히 정리하고 비로소 말을 꺼낼 수 있다.

아이를 기다려주는 방법은 단순하다. 즉시 대답을 요구하지 않는 것이다. 그리고 이렇게 말해주자 "지금 바로 말하지 않아도 괜찮아. 네가 준비될 때까지 기다릴게."

또 감정과 상황을 구분해 질문하는 것이다. "속상한 일이 있었던 것 같은데, 지금 이야기하기 힘들면 조금 있다가 해도 돼."

그리고 침묵을 함께 견디는 것이다. 부모가 조용히 옆에 있어주기만 해도 아이는 안정감을 느낀다.

이런 행동들은 아이에게 '내 생각과 감정이 존중받고 있다'는 강력한 메시지를 보낸다. 부모는 누구나 내 아이가 생각할 수 있는 힘을 가진 사람으로 자라길 바란다. 그 힘은 대답을 빨리하는 데서 생기지 않는다. 빨리 답하지 않아도 괜찮다고 기다려주는 부모의 이해와 존중 속에서 튼튼하게 자라나게 된다.

내 아이에 대해
얼마나 알고 있을까?

유튜브 채널 〈초보부모〉의 한 영상에서 충격적인 이야기를 들은 적이 있다. 빈센트 반 고흐의 명작 〈올리브 나무〉 속에서 128년 만에 메뚜기 사체가 발견된 것이다. 이 그림은 수많은 경매에 오르고, 세계적인 감정 전문가들의 손을 거쳤던 작품이지만, 그 누구도 그림 위에 붙어 있던 작은 메뚜기를 보지 못했다.

이렇게 우리는 익숙하다는 이유로 더 이상 자세히 들여다보지 않는다. 그리고 자세히 들여다보지 않음으로 인해 진짜 중요한 것을 놓치고, 그것을 나중에서야 깨닫게 된다. 또한 오래 본다고 해서 잘 아는 것은 아니다. 우리는 매일 아이를 보지만, 아이 마음속에 있는 작은 메뚜기 하나쯤은 놓치고 있는지도 모른다.

영상에서는 부모들에게 이런 질문을 던진다. "아이가 어느 날 문득 '내가 지난번에 아낀다고 말했던 물건, 기억나?' 하고 물으면, 당신은 긴장하지 않고 자연스럽게 대답할 수 있나요?"

우리는 정말 내 아이를 잘 알고 있다고 말할 수 있을까? 아이가 가장 좋아하는 간식은 무엇일까? 아이가 요즘 가장 자주 만나는 친구는 누구일까? 아이가 요즘 관심을 두고 있는 것은 무엇일까?

'내 아이를 정말 잘 알고 있을까?'라는 질문은 사랑하기 때문에 오히려 놓치는 마음, 그리고 우리가 안다고 믿고 지나쳤던 마음의 빈틈을 다시 돌아보게 한다.

관계에 관한 흥미로운 통계가 하나 있다. 직장 상사 71%는 "부하 직원이 나를 신뢰한다"고 응답했지만, 그 부하직원 중 64%는 "상사에게 불만족스럽다"고 답했다. 같은 관계 속에서 서로 완전히 다른 인식을 하고 있다는 의미다.

부모와 자식, 남편과 아내 사이의 관계도 다르지 않다. 매일 같은 공간에서 먹고 자며 시간을 보내지만, 충분히 알고 있다는 그 생각이 오히려 오해와 거리를 만드는 시작점일 수 있다.

영상의 마지막에서는 이렇게 말한다. "나는 아이를 잘 안다는 말은 어쩌면 그 아이를 향한 사랑과 관심이 멈추는 지점일 수 있다."

이 문장은 부모에게 경각심을 일깨워준다. 내 아이를 잘 안다는 확신은 아이의 말을 듣지 않겠다는 태도로 이어질 수 있다. 아이에 대한 사랑은 멈추지 않아도 그 사랑을 매일 새롭게 듣고 배우려는 태도는 멈추고 있을지 모른다.

학교에서 한 아이가 같은 반 친구의 머리를 때리는 일이 벌어졌다. 맞은 아이는 충격을 받아 울음을 터뜨렸고 교실의 분위기는 심각해졌다. 교사는 아이의 보호자에게 전화를 걸어 조심스럽게 설명했다. "아이가 친구 머리를 손으로 내리쳤어요. 아마 말다툼 중에 감정이 격해졌던 것 같아요. 감정 조절에 대해 함께 이야기하면…."

교사의 말이 끝나기도 전에 엄마가 대답했다. "선생님, 우리 아이가 그럴 리 없어요. 걔는 누구를 때릴 애가 아니에요. 제가 제 아이를 제일 잘 아는데요. 맞으면 맞았지, 먼저 손을 대는 아이가 아니라구요."

엄마의 반응은 단호했다. 그 안에는 아이를 믿는 마음, 아이를 감싸고 싶은 마음이 가득 담겨 있었다. 하지만 동시에 아이가 지금 겪고 있는 감정적 변화나 상황을 받아들이지 못하는 닫힌 마음도 들어 있었다.

그 아이는 평소 여리고 착한 아이였다. 그렇지만 학년이 바뀌고, 새로운 친구들과 생활하면서 낯선 자극과 감정을 경험하는 중이었다. 초등학교 남자아이들은 때때로 감정을 조절하지 못하고 충동적으로 반응할 수 있다. 중요한 점은 그 감정을 어떻게 조절해 가는지를 함께 이야기하고 훈련해주는 과정이다. 하지만 "우리 아이는 그런 아이가 아니에요"라는 부모의 태도는 아이가 스스로 자신의 감정을 돌아보고 다스리는 기회를 빼앗을 수 있다. 부모가 그 가능성을 인정하지 않으면, 아이도 자신의 실수를 성찰하거나 솔직하게 털어놓을 수 없게 된다.

누군가 아이의 상태를 걱정하면 많은 부모가 일단 방어부터 하게 된다. "집에서는 안 그래요, 선생님께서 저희 아이를 잘 몰라서 그래요." 그리고 마지막엔 이렇게 덧붙인다. "저희 애는 제가 제일 잘 알아요."

이 말에는 사랑과 자부심이 섞여 있다. 하지만 동시에 두려움도 깃들어 있다. 나 역시 아이를 혼낸 뒤, '혹시 내가 그동안 뭔가 놓친 건 아닐까?'라는 질문을 불편해서 외면한 적이 있다. 그러나 진짜 위험한 것은 모든 걸 안다는 확신이 아이의 신호를 차단해버린다는 사실이다. 잘 안다고 믿기보다 계속 알고 싶어 하는 태도가 아이 마음의 문을 여는 열쇠가 된다.

한 아빠는 아이와 갈등이 있을 때면 늘 "아빠가 널 잘 아니까 그런 거야"라고 말했다고 한다. 하지만 나중에야 중요한 사실을 알게 됐다고 말했다. "잘 안다고 말하는 순간, 아이는 설명할 기회를 잃어요. 요즘은 그냥 말해요. '아빠는 아직 잘 모르겠어. 너한테 듣고 싶어.' 그러면 아이 표정이 달라져요."

교육심리학과 발달심리학 분야에서 부모의 역할이 자녀의 인지 및 정서 발달에 미치는 영향을 깊이 연구해온 리사 손 교수는 《메타인지 학습법》에서 "나는 내 아이를 잘 안다는 말이 자녀의 성장을 가로막는 벽이 될 수 있다"고 지적했다. 부모가 자신의 경험과 직감에만 의존해 자녀를 바라보게 되면, 아이가 지금 진짜로 어떤 감정을 느끼고 어떤 방식으로 변화하고 있는지를 놓치게 될 위험이 커진다고 설명했다. 반대로 부모가 '나는 모든 걸 알 수는 없다'는 태도를 갖게 되면, 그 순간부터 아이는 마음을 열 수 있게 된다고 강조했다. 아이가 자신의 감정을 숨기지 않고 드러낼 수 있도록 부모가 먼저 자신의 틀에서 한 발짝 물러날 줄 아는 용기가 필요하다는 것이다.

또한 그녀는 '경청'의 태도를 특별히 강조했다. 단순히 말을 듣는 것이 아니라 아이의 말에 진심으로 관심을 가지고 그 감정의 결까지 받아들이는 태도가 부모에게 필요하다고 말했다. 그렇게 들으려는 자세를 가진 부모에게서 아이는 신뢰를 느끼고,

스스로를 더 잘 이해하게 된다는 것이다.

부모가 되는 일은 내가 맞다고 생각하는 말을 줄이고 '지금 아이는 어떤 마음일까'를 계속 묻는 어른이 되어가는 과정이다. 아이에게 사과하기가 어렵고, 아이 말이 맞을 때도 내 주장을 놓기 어려운 것은 내가 틀릴 수 있다는 사실을 두려워하기 때문일 것이다. 하지만 나도 틀릴 수 있다는 사실을 인정하는 용기는 아이와 더 깊이 연결되는 시작점이 된다.

누구나 알고 있는 유명 화가 반 고흐의 작품에 메뚜기 사체가 들어 있었다는 사실을 128년이 지나서야 알게 된 것처럼 우리가 놓치고 있는 아이의 마음도 있을 것이다. 하지만 지금이라도 늦지 않았다. 내 아이에게 이렇게 물어보자. "요즘 어떤 기분이야? 엄마(아빠)가 아직 모르는 네 마음이 있을까?"

아이의 감정을 이해하는 것과
단호하게 대처하는 것의 시소 타기

아이를 키우다 보면 아이가 많은 사람 앞에서 큰소리로 "싫어!" "왜!" "그만해!"라고 외치며 짜증을 내는 순간을 맞이한다. 그 순간 부모는 얼어붙을 수밖에 없다. 어떻게 반응해야 하는지, 아이의 마음을 물어야 하는지, 아니면 바로 제지해야 하는지 당황함과 혼란스러움에 놓인다. 한 가지 분명한 점은 이 순간 필요한 것은 감정에 끌려가는 것이 아니라 부모로서의 기준을 세우는 것이다.

다음과 같은 상황을 생각해보자. 아이들이 놀다가 큰아이가 갑자기 동생을 툭 때렸다. 동생은 놀란 눈으로 엄마를 바라보았다. 엄마는 깜짝 놀라 소리쳤다. "왜 동생을 때렸어?!" 큰아이는 입을 꾹 다문 채 고개를 돌렸다. 말로 표현할 수 없는 감정들이 아이의 얼굴에 스치는게 보였다. 하지만 그 순간 엄마가 해야 할 일은 분명하다. "때리는 건 절대 안 돼"라고 알려주는 것이다.

아이가 어떤 감정을 갖고 있었든 그 감정을 손으로 표현해도 괜찮다는 잘못된 학습이 이뤄지지 않도록 부모는 그 자리에서 행동의 경계를 분명히 알려줘야 한다. 감정은 나중에 충분히 다독일 수 있지만, 행동의 기준은 순간을 놓치면 알 수 없게 되고 그렇게 해도 된다고 오해하게 된다. 이때 부모의 명확한 기준 제시는 아이에게 감정을 주체할 수 없어도 넘어서는 안 되는 선이 있다는 사실을 분명히 가르쳐준다.

마트에서 이런 장면을 흔히 볼 수 있다. 아이가 "사줘!" "다른 건 싫어!" "안 해!" "엄마 미워!"라고 고함치며 떼를 쓴다. 당황한 부모는 "정말 갖고 싶었어?"라고 아이의 감정을 묻거나, "소리 지르면 사고 싶은 것도 못 사!"라고 감정적으로 대응하는 경우가 많다.

하지만 이 순간 가장 필요한 것은 공감도, 훈육도 아닌 '기준' 이다. 부모가 감정에 휘둘리는 순간, 아이는 행동을 정당화하는 방법을 배운다. 기준을 세워야 할 순간에 망설이지 않고 단호하게 대처하는 것이 부모의 진정한 사랑이다.

그렇다면 그 순간, 부모는 어떻게 말하는 것이 좋을까?

"갖고 싶을 수는 있어. 하지만 이렇게 소리 지르는 건 옳지 않아."

"무엇을 원하는지 말할 수는 있지만, 이렇게 떼를 쓰면 들어줄 수 없어."

아이의 감정은 존중하되, 행동의 경계는 분명하게 세워주어야 한다. 갖고 싶다는 마음을 인정하는 것과 소리 지르는 행동을 받아주는 것은 다르다. 아이에 대한 진정한 사랑은 아이의 욕구를 모두 들어주는 것이 아니라 욕구를 표현하는 방법을 가르치는 것이다. 부모의 기준이 명확하지 않으면 아이는 원하는 것을 얻기 위해 더 감정적으로 행동한다. 하지만 부모가 기준을 분명히 세우고 일관되게 대응하면 아이는 마음을 존중받는 동시에 어떻게 행동해야 할지를 배운다.

"싫을 수는 있어. 하지만 그렇게 말하면 안 돼."

"먹기 싫으면 말할 수 있어. 하지만 소리를 지르는 건 옳지 않아."

"엄마를 향해 화를 낸 건 슬퍼."

부드럽지만 단호하게 말하는 부모의 태도는 아이에게 울타리가 되어 준다. 아이들에게 필요한 것은 무엇이든 허용되는 자유가 아니라 마음을 마음껏 표현하되 넘어서는 안 되는 선을 분명히 알려주는 것이다. 그것은 '여기까지는 괜찮고, 저기는 넘어가면 안 된다'는 명확한 경계다. 경계는 억압이 아니라 보호다. 혼자 모든 것을 해보라고 그냥 내버려두는 것은 자유를 주는 것이 아니라 오히려 아이를 불안하게 만드는 무책임한 방임이 될 수 있다.

세계적인 교육학자 도로시 로 놀트는 이렇게 말했다. "아이들은 배우는 대로 살아간다. 아이가 한계를 배운다면, 스스로를 지키는 법도 배운다."

우리가 아이에게 울타리를 쳐주는 이유는 그 울타리 안에서 아이가 자유롭게 자라고, 밖으로 나갔을 때도 스스로를 지킬 수 있도록 하기 위함이다. 부모가 세워주는 울타리는 아이를 억누르기 위한 것이 아니라, 아이가 더 멀리 나아갈 수 있도록 숨을 고르게 하는 따뜻한 경계가 되어야 한다.

우리는 일상에서 '기준'과 '공감' 사이에서 갈등하지만, 이러한 고민은 역사적 위인들도 마찬가지였다. 세계적인 지도자 넬슨 만델라는 자녀 교육에서 이 균형을 강조했다. 인권과 평화를 위해 싸운 지도자 넬슨 만델라는 자신의 자녀들에게 감정을 솔직하게 표현하는 것의 중요성을 가르쳤다. 그러나 동시에 "너의 감정을 솔직하게 표현하는 것은 중요하지만, 그 감정이 다른 사람에게 상처를 주지 않도록 조심해야 한다"고 책임지는 자세도 강조했다. 이러한 가르침 덕분에 그의 자녀들은 자신의 감정을 이해하는 동시에 사회적 규범을 존중하는 방법을 자연스럽게 배우게 되었다.

아이에게 감정을 허용하는 것과 행동에 대해 책임을 묻는 것은 별개의 문제다. 부모가 이 둘의 균형을 세워줄 때, 아이는 자유롭지만 책임 있는 사람으로 자라난다.

그렇다면 감정을 물어야 할 때와 단호하게 말해야 할 때를 어떻게 판단할 수 있을까?

올바르지 않은 행동을 보일 때는 단호함이 우선이고, 감정이 먼저 드러났을 때는 공감이 우선이다.

단호함이 필요한 경우는 다음과 같다.

- 다른 사람을 때리거나 물건을 던질 때
- 공공장소에서 소리 지르거나 욕할 때
- 부모나 어른에게 위협적인 태도를 보일 때
- 규칙을 반복적으로 무시할 때

이럴 때는 이유를 묻기 전에 다음과 같이 행동의 경계선부터 분명히 세워야 한다.

"그건 어떤 이유로든 해서는 안 되는 일이야."

"화가 나도 그렇게 말하면 안 돼."

"무슨 일이 있었든, 이런 행동은 용납되지 않아."

반면, 감정을 먼저 물어야 하는 경우는 다음과 같다.

- 아이가 말없이 울거나 침묵할 때

- "그냥 싫어"라며 마음을 숨길 때

- 표정과 말투에 억눌린 감정이 느껴질 때

- 하기 싫다고 말하며 눈치를 볼 때

이럴 때는 지적보다 마음을 꺼내는 것이 먼저다.

"지금 속상한 마음이 있는 것 같아. 무슨 일이 있었어?"

"싫은 마음이 드는 것 같구나. 엄마(아빠)가 도와줄 수 있는 게 있을까?"

"지금 어떤 기분이야?"

감정을 충분히 이해받은 아이는 스스로 행동을 정리할 힘을 갖게 된다.

아이의 감정을 이해하는 것은 중요하다. 하지만 감정을 이해받는 것이 마음대로 행동해도 된다는 신호가 되어서는 안 된다. 부모는 아이의 마음을 품어줄 줄 아는 사람이 되어야 하고, 때로는 사랑하는 만큼 단호하게 경계를 세워줄 줄 아는 사람이 되어야 한다.

어떤 언어를 쓰느냐에 따라
삶이 달라지게 된다

한번은 아이가 들어오자마자 가방을 벗어 던지고 식탁 의자에 털썩 앉더니 이렇게 말했다. "엄마, 선생님은 너무 불공평해요." 목소리에는 서운함이 잔뜩 묻어 있었다.

"○○만 좋아해요. 정말 너무해요."

그 말을 들었을 때, 나는 바로 대답하지 않았다. 아이의 표정과 목소리에 이미 결론이 내려져 있었기 때문이다. 선생님의 행동이 불공평할 수도 있다. 하지만 내 마음을 무겁게 한 것은 이런 일을 만날 때마다 똑같이 해석할까 봐 염려된다는 점이었다.

아이들이 세상을 해석하는 방식은 경험보다 언어에 더 깊이 영향을 받는다. 단어는 일종의 렌즈다. '불공평'이라는 렌즈를

끼고 세상을 보면, 모든 것이 그 틀 안에서 보이게 된다. 사소한 우연이나 기분의 차이도 불공평으로 해석될 수 있다. 아동발달학 연구에 따르면, 부정적인 해석 패턴을 반복하는 아이들은 같은 사건에서도 긍정적으로 해석하는 아이들보다 불안과 분노의 빈도가 높다고 한다. 같은 상황이라도 어떤 단어로 설명하느냐에 따라 그날의 감정과 앞으로의 태도가 결정된다.

나는 아이에게 조심스럽게 말을 꺼냈다. "윤하야, 선생님이 정말 너를 불공평하게 대하는 걸 수도 있지만 아닐 수도 있어. 사람마다 더 자연스럽게 대화가 이어지는 상대가 있을 수 있고, 우리가 상황을 다르게 해석할 수도 있단다. 그런데 모든 순간을 불공평하다고 생각하면, 그렇지 않은 때에도 힘들어질 수 있어." 이것은 단순히 아이 마음을 달래주려고 한 말이 아니라 아이가 스스로 감정을 가볍게 만들 수 있는 해석의 힘을 알려주려고 한 말이었다.

한번은 친구가 자기 아이 때문에 마음이 무겁다며 이런 이야기를 꺼낸 적이 있다.

"우리 아이가 요즘 자꾸 '미움'이라는 말을 너무 많이 해. 선생님이 수업 시간에 자기를 안 시켜도 그냥 '내가 미워서 그런 거야'라고 하고, 친구가 자기 말에 늦게 반응해도 또 그렇게 해석해. 인사를 깜빡해도 '내가 미워서 그런 거야'라고 말하니 너무 걱정돼."

친구의 이야기를 들으며 나도 마음이 무거워졌다. 단순한 우연이나 별것 아닌 상황까지 모두 미움이라는 단어로 설명한다면, 그 아이는 매번 세상을 부정적인 틀 속에서 보게 될 것이다. 그러면 작은 사건 하나에도 불필요하게 마음이 무거워지고, 결국 관계 속에서 자신을 지치게 만들 수 있다.

사실 그 상황은 단순한 순서의 문제일 수도 있고, 잠깐의 우연일 수도 있다. 하지만 그 아이 마음속에서는 이미 설명이 정해져 있었다. 미움이라는 단어가 하나의 틀처럼 굳어져서 사소한 일조차 부정적인 의미로만 읽히는 것이다.

이 해석이 단순히 순간의 감정으로 끝나지 않는다는 점이 더 큰 문제다. 아이가 나를 미워한다라고 반복해서 믿을수록 실제로 친구와의 관계 속에서 더 쉽게 상처받게 된다. 언어가 사고의 틀을 만들고, 사고의 틀이 곧 행동으로 이어지기 때문이다. 긍정적인 해석을 하는 아이는 비슷한 장면에서 선생님이 그냥 바빠서 그랬나 보다 하고 넘어가지만, 부정적인 단어를 쓰는 아이는 그때마다 감정을 증폭시키며 관계를 더 힘들게 만든다.

이처럼 언어는 단순히 상황을 설명하는 도구가 아니라 아이가 세상을 바라보는 기본 프레임이 된다. 같은 사건도 어떤 단어로 해석하느냐에 따라 감정의 무게가 달라지고, 결국 아이의 자존감과 관계 맺는 방식까지 바꾸어 놓는다. 이러한 패턴은 결국 어른이 되어서도 반복된다.

직장에서 누군가 상사와 자주 대화하거나 가까이 지내는 모습을 보면 우리는 쉽게 아부라는 단어를 떠올린다. 그 순간 마음이 괜히 불편해지고, 나도 모르게 거리를 두고 싶어진다. 하지만 그게 정말 아부일까? 함께 일하는 사람과 관계를 더 원만하게 만들고 싶고, 좋은 인상을 남기고 싶은 마음은 누구에게나 있는 본능적인 감정이다. 그럼에도 우리는 그 마음을 있는 그대로 받아들이기보다 아부라는 단어로 단정하기도 한다. 단어 하나가 감정의 색을 바꿔놓는 것이다.

같은 행동도 아부라고 규정하는 순간, 보는 사람은 불편해지고, 말하는 사람은 위축된다. 반대로 그것을 관계를 유지하고 싶은 마음이라는 말로 표현하면 어떨까? 같은 상황이지만, 그 안에 담긴 의미는 반대가 된다. 불편하던 마음은 이해로 바뀌고, 거리를 두고 싶던 마음은 오히려 다가설 수 있는 여유로 바뀐다.

우리는 종종 단어 하나로 사람을 평가하고, 관계를 재단한다. 하지만 그 단어가 우리의 생각을 만들고, 결국 우리의 태도까지 바꿔버린다. 이것은 어른이나 아이나 마찬가지다. 그래서 어떤 단어로 세상을 해석하는지는 삶에서 중요한 영향을 미친다. 그 선택이 관계를 달라지게 하고, 마음을 더 무겁게도 더 가볍게도

할 수 있다.

　사회심리학자 존 바그 예일대 교수는 단어가 사람의 무의식적 행동을 유도할 수 있다는 '언어 프라이밍 효과'를 증명했다. 긍정적인 단어를 접한 집단은 이후 행동과 표정, 의사결정에서 더 개방적이고 유연하게 반응했다. 반대로 부정적인 단어를 반복해서 접한 집단은 상황을 방어적으로 해석하고 회피하려는 경향이 두드러졌다.

　또한 심리학자 엘렌 랭어 하버드대 교수의 실험은 단어의 힘을 더욱 분명하게 보여준다. 참가자들에게 동일한 문제 상황을 제시했는데, 한 집단에게는 그것을 '위험'이라고 설명했고, 다른 집단에게는 '기회'라고 설명했다. 과제 자체는 똑같았지만, 설명 방식이 달라지자 반응은 전혀 달랐다. '위험'이라는 말을 들은 집단은 시도 자체를 망설이며 주저했다. 혹시 실패하면 안 된다는 부담이 커져서 행동이 위축된 것이다. 반대로 '기회'라는 말을 들은 집단은 훨씬 적극적으로 움직였다. 같은 과제 앞에서도 도전하려는 마음이 더 많이 생겨난 것이다. 연구 결과, 두 집단 사이의 문제 해결 시도 횟수는 40% 이상 차이가 났다.

　이 실험은 우리가 어떤 단어를 선택하느냐가 단순히 말의 뉘앙스를 바꾸는 데 그치지 않고, 실제 행동과 태도에까지 이어진다는 사실을 잘 보여준다. 아이가 불공평하다라고 말하느냐, 내

차례가 조금 늦어졌구나라고 말하느냐는 작은 차이 같지만, 결국 삶을 대하는 방식 전체를 달라지게 만든다.

"선생님은 불공평해"라는 해석은 스스로를 수동적인 위치에 세운다. 반면 "나는 선생님과 더 친해지고 싶어"라는 해석은 주체적인 행동으로 이어진다. '나는 인정받고 싶어'는 자연스러운 마음이지만, '나는 인정받지 못해서 속상해'로 바꾸는 순간 관계는 더 무겁게 느껴진다. 같은 마음임에도 단어가 생각의 방향을 바꾸고 결국 결과를 바꾸게 되는 것이다.

이 점을 잘 활용한 인물이 프랭클린 루스벨트였다. 그는 대공황 시절 국민이 '절망'이라는 단어에 사로잡히지 않도록 연설에서 '회복'과 '기회'라는 단어를 의도적으로 반복했다. "우리가 두려워해야 할 유일한 것은 두려움 그 자체입니다"라는 그의 취임 연설은 그의 전략을 핵심적으로 보여준다. 은행들이 줄줄이 문을 닫고, 실업률이 치솟던 때였지만, 루스벨트는 국민이 두려움과 절망이라는 언어에 갇혀 행동을 멈추는 것을 가장 경계했다.

삶은 끊임없는 해석의 연속이다. 같은 상황을 두고도 어떤 단어를 고르느냐에 따라 아이의 마음은 전혀 다른 길을 걷게 된다. 부모가 먼저 불편한 상황을 부정적인 단어로 풀어내기보다 가능성과 긍정이 담긴 언어로 해석하는 모습을 보여주자. 그것은 아이에게 모든 것을 불공평과 차별로만 보지 않고, 상황 속에서 다른 길을 찾을 수 있는 기회로 안내한다.

결국 교육은 거창한 지식 전달이 아니다. 내가 어떤 단어를 선택하는지, 어떤 마음으로 세상을 설명하는지가 아이에게 가장 큰 배움이 된다. 부모의 언어는 교과서보다 오래 남고, 때로는 훈육보다 더 깊이 아이의 마음에 새겨진다. 부모가 무심코 택한 단어 하나가 아이의 시야를 좁히기도 하고, 세상을 더 넓고 따뜻하게 바라보게 만들기도 한다.

제3장

아이와 함께하는 감정 연습

아이의 의지가 아니라
환경이 문제다

'책은 왜 이렇게 안 읽지?' '숙제는 왜 미리미리 안 하지?' '영어는 배웠는데 왜 말을 못 하지?' '피아노는 배웠는데 왜 안 들려주지?'

아이를 가진 부모라면 한 번쯤 생각해본 내용일 것이다. 게으르고 미루는 아이의 모습을 보면 가장 먼저 아이의 의지를 의심하게 된다.

그런데 먼저 생각해보아야 할 점은 평소의 환경이 아이의 마음이 움직일 만한 조건을 갖추고 있는가 하는 것이다. 이럴 때 우리 어른의 경우를 떠올려보면 답이 나온다. 운동을 배우고 온 날, 나는 집에서 몇 번이나 그 동작을 연습했는가? 회사에서 퇴

근한 뒤에도 회사 일을 다시 꺼내고 싶은 마음이 쉽게 드는가? 대부분이 그렇지 않을 것이다.

하고 싶은 마음은 저절로 생기지 않는다. 의지는 분위기 속에서 생겨나고, 행동은 공간 속에서 유도된다. 그래서 아이의 의지를 탓하기 이전에 하고 싶지 않은 환경에 놓여 있는 것은 아닌지 살펴볼 필요가 있다. 그렇게 생각해 보면, 답은 의외로 단순하다. 어른도 환경이 갖춰져야 몸이 움직여지듯이 아이도 마찬가지다. 그렇다면, 환경이 마음을 움직이는 방식은 구체적으로 어떤 모습일까? 다음의 두 환경을 생각해보자.

어떤 집은 거실에 텔레비전이 놓여 있다. 리모컨은 늘 소파 위에 있고, 가족은 자연스럽게 그 앞에 모인다. 책은 방 한쪽 책장에 있지만, 아무도 꺼내지 않는다. 아이는 부모가 숙제를 하라고 하니까 미루고 미루다 억지로 한다.

또 다른 집은 조금 다르다. 거실에는 텔레비전 대신 책상과 책장이 놓여 있고, 그 위에는 펼쳐진 책과 필기도구가 가지런히 놓여 있다. 부모는 그 자리에서 책을 읽기도 하고, 조용히 이야기를 나누기도 한다. 아이는 부모가 책을 읽으라고 말하지 않아도 책장에서 책을 꺼내와 부모 곁에 앉아 책을 읽는다.

두 집의 차이는 아이의 성격이나 의지에서 오는 것이 아니다. 눈에 먼저 띄는 것, 공간을 채우는 분위기, 그리고 그 속에서 자연스럽게 주어지는 메시지가 다를 뿐이다. 환경은 조용히 행동을 바꾼다. 또한 말보다 먼저 아이를 움직이게 한다.

아이만 그런 것이 아니라 어른도 환경의 영향을 크게 받는다. 우리는 운동을 배우고 온 날, 집에서 그 동작을 다시 반복하는 경우가 많지 않다. 그런데 가족 중 누군가가 "오늘은 어떤 동작을 배웠어?" "나도 배우고 싶은데, 좀 가르쳐 줄래?"라고 관심을 보이면 배운 동작을 반복해서 하게 된다. 반면, "배운다더니 몸은 그대로네" "집에서도 좀 하지 그래"라고 부정적인 말을 들으면 그 앞에서 하고 싶은 마음이 전혀 생기지 않는다. 이런 말들은 곧 부정적인 환경이 된다.

결국 환경이란 말뿐 아니라 공간의 분위기까지 포함된다.

집은 어른에게 상사가 없는 공간이다. 누구도 지시하지 않고, 아무도 재촉하지 않는다. 그런데 아이에게는 집이 여전히 학습과 훈련의 공간이다. 어른은 쉬면서 아이에게 무엇을 하라고 하면, 아이는 '왜 나만 또 해야 하지?'라는 마음을 품을 수 있다. 아이는 하고 싶지 않은 것이 아니라 하고 싶지 않은 조건 속에 놓여 있는 것이다. 어른은 피곤하면 스스로 멈추기도 하지만, 아이는 그런 선택조차 쉽지 않다. 주어진 과제를 따라가야 하고, 마음이 내키지 않아도 해야 할 일은 늘 아이 앞에 놓여 있다. 아직은 따라야 할 것들이 많고, 스스로 조절할 수 있는 능력은 크지 않다.

그렇다면, 부모가 아이에게 무엇을 해줄 수 있을까? 아이에게 무엇을 하라고 시키기 전에 먼저 그 아이가 놓인 환경을 돌아보아야 한다. 또한 환경을 아이가 자연스럽게 할 수 있는 분위기로 만들어주어야 한다.

환경이 습관을 만든다는 사실은 행동과학과 발달심리학 분야에서 오랫동안 강조되어 왔다. 여러 연구에 따르면, 개인의 의지력만으로 행동을 지속하기보다 행동이 자연스럽게 일어나도록 환경을 설계하는 것이 습관 형성에 훨씬 효과적인 것으로 나타났다. 또한 책상과 물건의 위치, 반복되는 시간의 구조처럼 사소해 보이는 요소들 역시 행동의 빈도와 지속성에 영향을 미친다.

미국의 자기계발 전문가 제임스 클리어는 《아주 작은 습관의 힘》에서 습관은 개인의 결심이나 의지에 의해서라기보다 환경이 행동을 자연스럽게 끌어내는 구조 속에서 형성된다는 점을 강조했다. 행동을 바꾸기 위해 마음을 다잡기보다 행동이 일어날 수밖에 없는 환경을 먼저 만드는 것이 중요함을 알 수 있다. 이러한 관점은 아동의 발달에서도 그대로 적용된다. 가정에서 어른의 읽기와 말하기를 일상적으로 접할 수 있는 환경은 아이의 언어 발달과 문해력 형성에 긍정적인 영향을 미친다. 아이에게 무엇을 하라고 요구하기보다 보고 듣고 머무는 환경 자체가 아이의 행동과 능력을 만들어낸다.

부모는 아이의 행동을 바꾸기 위해 많은 노력을 하지만, 사실 그보다 더 중요한 것은 그 행동이 자연스럽게 나올 수 있는 환경을 마련해 주는 일이다. 아이의 시선이 머무는 자리에 무엇이 놓여 있으면 좋을까? 가족이 마주보고 대화를 나누는 책상 위에 조용히 놓여 있는 책들은 자연스럽게 아이에게 책을 읽는 분위기를 조성한다. 반대로, 거실 한복판에 놓인 텔레비전이나 늘 손에 들려 있는 스마트폰은 아이의 관심을 너무 쉽게 빼앗는다. 보이는 것이 행동을 유도하고, 아이는 보이는 대로 움직인다.

시간의 구조도 중요하다. 매일 저녁 단 20분만이라도 '가족 집중 시간'을 만들어보자. 그 시간만큼은 텔레비전을 끄고, 휴대폰을 내려놓고, 부모가 먼저 책을 읽거나 악기를 연주하는 것이다. 아이에게 무언가를 시키기보다 조용히 함께 있는 시간을 만들어주는 것만으로도 충분하다. 예측 가능한 일정은 아이에게 안정을 가져다주고, 반복되는 패턴은 어느새 습관이 되어 행동으로 이어진다. 언제부턴가 그 시간만 되면 책장을 넘기고, 악기를 연주하는 아이를 보게 될지도 모른다.

또한 무엇보다 중요한 것은 정서를 만드는 것이다.

"네가 책 읽는 모습을 보면 기분이 좋아져."

"숙제를 미리 하는 모습을 보니 오늘 저녁이 참 편안할 것 같아."

"오늘은 네 피아노 소리가 듣고 싶어. 너의 연주는 내 마음에 주는 선물 같아."

이런 말들은 '해야 할 일'을 '하고 싶은 일'로 바꿔놓는다. 그것은 성취를 위한 칭찬이 아니라 아이와 자연스러운 연결을 위한 공감이다. 억지로 시키는 일은 숙제가 되지만, 따뜻한 마음을 전달하면 아이는 자발적으로 움직이기 시작한다.

한 학부모가 자기 가족의 이야기를 들려주었다. 이 가족은 원래 모이면 각자 텔레비전을 보거나 자신의 일을 할 뿐 대화가 많은 집이 아니었다. 그러던 어느 날 부모가 거실에서 텔레비전을 치우고 대신 책상과 책장을 놓았다. 이미 텔레비전 중심의 환경에 익숙해 있던 가족에게는 쉽지 않은 변화였다. 아이들도 처음에는 어색해했지만, 셋째 주쯤부터는 아이들도 학교 숙제를 마치자마자 조용히 책장을 열기 시작했다. 두 달 뒤, 저녁 시간에 가족이 함께 과일을 먹고 있을 때, 큰아이가 피아노 앞에 앉으며 말했다. "엄마, 이 곡은 우리 카페 음악이야."

가족은 웃으며 작은 박수를 보냈다. 누가 시킨 것도 아니었지만 아이는 가족을 위해 스스로 공연을 시작했다. 환경이 만든 변화였다.

지금 우리 집의 환경을 둘러보자. 눈에 보이지 않는 분위기,

가족들의 행동, 건네는 말 한마디, 이 모든 것이 아이에게 영향을 미치는 환경이 된다. 좋은 환경은 아이에게 긍정적인 영향을, 좋지 않은 환경은 아이에게 부정적인 영향을 끼칠 수밖에 없다.

아이 안의 가능성을 깨우고, 마음을 열어줄 환경을 만드는 데 어디서부터 시작해볼지 고민해보자.

방법보다 더 중요한 것은
아이와 함께하는 과정이다

"나 진짜 육아서적 많이 읽었어. 책에서 소개하는 방법은 정말 다 써봤는데 우리 애한텐 하나도 안 통해."

친구가 푸념하듯 말했다. 많은 부모가 자기 이야기처럼 느껴질 것이다. 나 역시 고개를 끄덕이며 들었다.

친구는 한 책에서 본 '칭찬 스티커' 방법을 실천해봤다고 했다. 빨래를 개면 스티커 하나, 식사 후 식기를 정리하면 또 하나를 주고, 스티커가 쌓이면 아이가 좋아하는 장난감도 하나씩 보상으로 주는 방식이었다. 그런데 아이가 빨래를 개다 말고 장난감을 가지고 놀기 시작하면 어김없이 "엄마! 나 스티커 줘!" 하고 외치곤 했다고 한다. 친구는 처음에는 고민도 했지만 그래도

하려고 했으니까 기특하다고 생각하며 스티커를 붙여주었다. 식사를 마친 뒤 식탁 위에 놓인 자신의 그릇을 싱크대에 옮기다가 중간에 멈춘 날에도 그래도 노력은 했으니까라며 스티커를 건넸다고 한다. 결국 아이는 끝까지 해낸 경험보다는 대충 해도 칭찬받는 상황에 익숙해졌다고 한다. 친구는 어느 순간 '나는 분명 책에서 배운 좋은 방법을 썼는데 왜 이렇게 흐지부지되지?'라는 의문에 빠졌다고 한다.

친구의 이야기를 듣고 있자니 예전에 가르쳤던 한 아이가 떠올랐다. 그 아이는 유난히 규칙에 대한 부분을 어려워했다. 그래서 나는 그 아이와 '자기 자리 정리'라는 작은 미션을 정하고, 스티커 차트를 함께 시작해보기로 했다. 첫날에 아이는 정리를 마치고 스티커를 붙이자 환하게 웃으며 말했다. "선생님, 저 이제 매일 할래요!"

하지만 여기서 중요한 것은 스티커 자체가 아니라 스티커를 주는 과정이었다. 나는 아이가 정리를 마친 그 순간, 이렇게 말했다. "우와, 네가 스스로 정리한 건 처음이지? 이건 그냥 스티커가 아니라 너의 정리의 힘이야."

아이는 그 말에 한껏 만족하는 모습을 보였다. 그날 이후 스티커는 단순한 보상이 아니라 아이가 자신의 변화와 성장을 눈으로 확인할 수 있는 도구가 되었다.

《아직도 내 아이를 모른다》에서는 칭찬이나 보상과 같은 도구는 아이의 행동을 평가하거나 통제하기 위한 수단이 아니라 스스로의 행동과 감정을 인식하도록 돕는 피드백으로 사용될 때 의미를 가진다고 말했다. 스티커가 단순한 보상으로 끝나면 금세 힘을 잃지만, 행동과 감정, 그리고 성장의 과정을 연결하는 다리로 쓰일 때 아이의 뇌는 그 경험을 통해 깊이 배우게 된다.

아침마다 일어나는 것을 어려워하는 아이가 있었다. 그 부모는 스티커 10개를 모으면 주말에 함께 도서관 가기라는 목표를 세웠다. 부모는 아이에게 스티커를 줄 때면 주는 데 그치지 않고 "오늘은 눈 비비고 일어나는 네 모습이 정말 멋졌어. 어제보다 더 빨리 일어났네"라고 칭찬을 해주었다고 한다. 그러자 아이는 이렇게 말했다고 한다. "엄마, 나 내일도 빨리 일어나서 도서관 가고 싶어. 또 같이 이야기하고 싶어."

이처럼 칭찬 스티커는 기적의 도구가 아니다. 하지만 아이의 마음에 다가갈 수 있는 좋은 열쇠가 될 수 있다. 단, 그 열쇠는 아이를 보상으로 움직이게 하려는 것이 아니라 스스로를 바라보는 거울이 되게 하는 데 써야 한다. 스티커를 붙이는 그 순간 아이의 표정을 통해 이러한 속말이 들릴 수 있다. '내가 할 수 있다는 걸 보여줬어. 오늘도 내가 해냈어!' 그러면 부모는 조용히 웃으며 이렇게 말해주면 된다. "그게 진짜 멋진 거야."

또 다른 친구는 아이와 교환노트를 해봤다고 말했다. 너무 좋을 것 같았지만, 아이는 '오늘은 피곤했어'라는 짧은 글만 남기고, 곧 아무 말도 쓰지 않게 되었다고 한다. 처음에는 기대에 차서 시작했지만, 글을 쓸수록 감정 유도를 해야 할 것 같은 부담이 커지고, 어느새 숙제처럼 느껴지곤 했다고 한다.

그런데 교환노트를 다르게 겪은 중학생 아이의 가족이 있다. 이 아이는 부모와의 갈등이 있었다. 어느 날 엄마가 아이에게 조용히 물었다. "왜 엄마랑은 얘기하기 싫은 거야?" 아이는 고개를 폭 숙인 채 말없이 방으로 들어갔다.

그날 밤, 엄마는 조심스럽게 노트 한 권을 꺼내 아이의 책상 위에 올려두고 메모를 적어놓았다. '말로 하기 어렵다면, 여기다 써줘도 좋아. 너의 생각이 궁금해.' 이때부터 그 가족은 교환노트 쓰기를 시작했다.

며칠 뒤, 아이는 노트에 이렇게 썼다. '엄마는 나를 혼내는 게 아니라 걱정해서 그런 거라는 거 알아요. 근데 나는 그냥 혼나는 느낌이 들어서 점점 아무 말도 안 하게 돼요.' 엄마는 노트를 읽고 울컥했지만, 노트에 진심을 담아 답을 썼다. '그렇게 느꼈구나. 엄마는 너와 잘 지내고 싶었는데, 방법을 잘 몰랐나 봐. 고마워, 네 마음을 들려줘서.' 이후 엄마와 아이는 말로는 하지 못했던 속마음을 글로 주고받기 시작했다.

교환노트는 따로 시간을 내지 않아도 되는 '가정 안의 정서 코칭' 도구다. 가족의 하루를 되짚으며 지금 우리 가족은 어떤 시간을 지나고 있는지를 돌아보게 만든다.

어떤 가정은 매주 일요일 저녁 가족이 돌아가며 이번 주 가장 좋았던 일과 조금 속상했던 일을 교환노트에 적는다. 이 기록은 아이의 감정을 정리하는 도구이자 부모가 아이의 감정 성장 과정을 바라보는 창이 된다.

또 어떤 부모는 아이와 함께 책을 읽고, 서로의 감상을 교환노트에 적는 시간을 가졌다. 부모가 '난 이 책에서 친구를 도와주는 주인공이 멋있었어. 너는 어땠어?'라고 적었다. 아이는 생각 끝에 이렇게 썼다. '난 주인공이 처음엔 화를 냈지만 나중에 화해하고 도와주는 장면이 좋았어. 나도 친구랑 그렇게 해보고 싶어.'

이 한 줄은 아이가 관계 속에서 무엇을 느끼고 배우고 있는지를 보여주는 작은 창이다. 교환노트는 바쁜 일상 속에서 놓치기 쉬운 아이의 말들을 기록하고, 되새기고, 연결하는 도구가 된다.

위의 사례들처럼 같은 방법이라도 그 안에 어떤 '과정'을 담느냐에 따라 전혀 다른 결과가 만들어진다. 칭찬 스티커의 경우, 스티커를 주는 기준을 아이와 함께 정해보는 것부터 시작할 수 있다. 하루가 끝날 때는 '오늘은 어떤 점이 어려웠어?', '네가 끝까지 해낸 순간은 언제였을까?'와 같은 질문을 나누며 스티커를 줄지 말지를 함께 고민해보는 시간도 필요하다. 스티커는 단순한 보상이 아니라 아이의 내면을 들여다보는 대화의 출발점이 될 수 있다.

교환노트도 마찬가지다. 부모가 감동적인 글을 써야 한다는 부담을 내려놓고, 짧고 편안한 말들로 가볍게 시작했더라면 어땠을까? 아이의 낙서도 하나의 표현으로 받아들이며 "이 그림 보니까 오늘 기분 좋아 보이네"라고 말해주었다면, 아이의 마음은 조금씩 열렸을 것이다. 결국 육아서 속에서 좋은 방법을 찾아내는 것도 중요하지만, 그 방법을 아이와 어떻게 나누느냐가 더욱 중요하다. 방법을 아이의 삶 속에 어떻게 심을지 고민하고, 그 과정 속에서 아이가 스스로 해보고 느끼고 실수하도록 허락해주는 태도가 필요하다.

그런 점에서 미국 작가 마야 안젤루의 이야기는 깊은 울림을 준다. 그녀의 회고록《새장에 갇힌 새가 왜 노래하는지 나는 아네》에는 어린 시절 부모와 떨어져 할머니와 함께 살며 겪은 경험 속에서 한 아이가 보호와 지지의 관계 안에서 어떻게 내면을 키워가는지가 담겨 있다. 이 책은 좋은 교육이나 훈육의 기술보다 그 과정을 함께해주는 따뜻한 관계가 아이의 마음을 어떻게 성장시키는지를 보여준다.

하버드대학교에서 진행된 부모 교육 및 발달 관련 연구와 교육 프로그램들에서도 좋은 방법보다 좋은 과정이 자녀의 발달에 더 깊은 영향을 미친다는 결과를 보여주었다. 부모가 자녀와의 대화에서 감정을 공유하고, 실패한 날도 함께 되짚어보며 아이의 시선을 따라가고 속마음을 들어주는 시간이 아이를 성장시키는 토대가 된다고 강조했다.

좋은 방법은 결국 좋은 '과정'을 통해 효과를 발휘한다. 칭찬 스티커든, 교환노트든, 또는 어떤 새로운 방식이든, 그 안에 아이와 진심으로 마주하는 시간이 담기지 않으면 그 방법은 껍데기에 지나지 않는다. 좋은 방법을 찾으려는 노력도 필요하지만, 그 방법을 함께 겪는 시간, 실패를 통과하면서 함께 나누는 대화, 그리고 결과보다 그 과정에 함께 있어주는 부모의 태도가 더욱 중요하다.

아이에게 어른의 마음을
강요하지 말자

"너는 오빠잖아, 동생 좀 봐줘야지."

"엄마를 사랑한다면 정리도 도와줘야지."

"영희처럼 친구를 도와주는 게 얼마나 예쁜 행동인지 알지?"

우리가 무심코 아이에게 건네는 이런 말들에는 어른의 기대가 담겨 있다. 아이는 때때로 이런 말들을 이렇게 받아들인다. "지금 내 감정은 틀렸어. 나는 아직 부족한 아이야."

한 아이는 일기장에 이런 글을 남겼다. '나는 착한 오빠가 아닌가 봐. 자꾸 화가 나.' 엄마는 늘 말했다. "너는 오빠니까 양보해야지. 여동생은 아직 어려서 몰라서 그런 거야." 그 말은 분명 사랑과 기대에서 비롯되었을 것이다. 하지만 아이는 그때마다 조용히 방으로 들어갔고, 자신의 마음을 말하지 않았다. 아이는 양보를 배운 것이 아니라 자기 마음이 틀렸다는 것을 배우고 있었다.

또 흔히 볼 수 있는 다음과 같은 사례도 있다. 한 아이가 장난감을 어질러놓고 정리하지 않으려고 했다. 그러자 엄마는 이렇게 말했다. "엄마를 사랑한다면 도와줄 수 있지?" 그날 저녁 아이는 아무 말 없이 정리를 했다. 그 순간만큼은 상황이 정리되었다. 다만 다음 날 아침, 아이는 얼굴을 찌푸리며 등원 가방을 조용히 집어 들었다. 아이는 속으로 이렇게 생각했다. '엄마를 좋아해도, 치우기 싫은 날이 있으면 나는 나쁜 아이가 되는 걸까?'

위의 말들은 어른 입장에서 보면 당연하거나 자연스러울 수 있다. 하지만 아이 입장에서는 그 말이 감정을 제한하고, 죄책감을 유도하며, 사랑을 조건으로 느끼게 만드는 메시지로 들릴 수 있다. 감정적 강요는 아이의 행동을 일시적으로 바꾸는 것처럼 보이지만, 그 안에 감춰진 상처는 천천히, 그러나 깊이 아이의 마음속에 스며든다.

감정적 강요는 특별한 상황에서만 나타나는 극단적인 방식이 아니다. 오히려 많은 부모가 '아이를 위해서'라는 마음으로 일상 속에서 반복적으로 선택하는 말들 속에 자연스럽게 스며들어 있다. 하지만 그것으로 인해 부모와 아이의 마음은 조금씩 다른 방향으로 움직이기 시작한다.

아이를 바라보는 부모의 마음은 늘 같다. 아이를 약하게 만들고 싶지 않고, 사소한 일에 흔들리지 않기를 바란다. 그래서 아이가 투정을 부릴 때마다 이렇게 말한다. "그럴 수는 있지. 그래도 이 정도는 참아야지." 아이도 그 말을 받아들인다. 울거나 떼를 쓰는 대신 "괜찮아"라고 말하는 쪽을 택한다. 그러면 부모는 아이가 철이 든 것 같다고 느낀다. 문제 행동도 없었고, 겉으로 보기엔 걱정할 일도 없어 보인다.

하지만 시간이 조금 흐른 뒤, 아이의 태도가 달라진 것이 아니라 방향이 바뀌고 있었음을 알아차리게 된다. 아이는 감정을 잘 조절하게 된 것이 아니라 감정을 굳이 설명하지 않는 쪽을 선택하고 있었던 것이다.

아이는 마음이 힘들어도 '이 정도는 참아야 하는 거겠지'라고 스스로 정리해버리는 습관이 자리 잡게 된다. 어른의 기준으로 건넨 말이 반복될수록 아이의 생각의 방향을 조금씩 바꾼다. 아이는 자신의 감정을 살피기보다 어른이 원하는 감정 상태에 자신을 맞추는 법을 먼저 배우게 된다.

상담사이자 교육자인 데보라 맥나마라의 저서《엄마, 내 마음을 읽어주세요》에서는 이렇게 말했다. "감정적 강요는 아이에게 뭔가 근본적으로 잘못된 점이 있다는 암시를 준다. 마음 깊은 곳에 부끄러움과 혼란을 남기며, 관계에 미세한 균열을 만든다.”

이런 감정은 단순히 잠깐 얼굴이 붉어지는 부끄러움과는 다르다. 그것은 ‘나는 잘못된 아인가 봐, 나는 제대로 된 사람이 아니야’와 같이 아이가 자신을 있는 그대로 받아들이지 못하고 죄책감으로 연결된다. 만약 아이가 장난감을 치우지 않자 엄마가 “엄마 힘든 거 알잖아. 사랑한다면 도와야지”라고 말했다고 가정하자. 이때 아이는 단순히 행동을 지적받는 것이 아니라 ‘사랑하지 않는 아이’, ‘이기적인 아이’처럼 자기 자체를 문제 삼는 듯한 메시지로 받아들일 수 있다. 그래서 아이는 ‘엄마는 내가 나쁜 아이라고 생각하나 봐’라고 인식할 수 있다. 그러면 아이는 죄책감에 휩싸이고, 스스로를 부끄럽게 여기게 된다. 이런 경험이 반복되면 아이는 자신의 감정을 드러내는 것 자체를 위험하게 느끼고, 점점 마음을 숨기고 참는 쪽을 택하게 된다.

심리학자 브레네 브라운은 이렇게 말했다. “사람이 자기 자신을 숨기게 되는 가장 큰 이유는 있는 그대로의 나로는 충분하지 않다고 느끼기 때문이다.” 한두 번은 아이가 부모가 원하는 방향으로 움직일 수도 있다. 하지만 그 안에서 아이는 점점 작아지고, 위축된다. 그리고 ‘이럴 땐 감정을 숨겨야 사랑받을 수 있어. 화를 내면 나쁜 아이라고 생각하니까 참아야 해’라고 생각하며 점점 자기 감정을 검열하게 된다. '엄마가 실망할까 봐', '혼날까 봐'라는 마음이 먼저 떠오르고, 감정은 뒤로 밀린다. 이런 아이들은 자라서도 갈등을 피하고, 속마음을 털어놓지 못하고, 누군가의 기대에 맞추기 위해 자기 감정을 버리는 경향이 있다.

아이가 자기 감정을 이해하고 조절할 줄 아는 사람으로 자라기 위해서는 지금 느끼는 감정이 잘못된 것이 아니라는 신호를 반복해서 주어야 한다. "그럴 수 있어" "지금 화났구나" "말해줘서 고마워" "슬플 수 있지"라는 이러한 말들을 자주 해주면 아이는 자기 감정에 덜 부끄러워지고, 그 감정을 말해도 괜찮다고 느끼게 된다. 그러한 믿음이 자존감의 토대가 되고, 건강한 인간관계의 시작이 된다.

이렇게 자기 감정을 충분히 느끼며 자란 아이들은 점점 하고 싶은 말보다 해야 할 말을 먼저 떠올리게 된다. 그래서 아이들에게 필요한 건 정답이 아니라 마음을 말할 수 있는 허용이다. 그런 경험은 아주 작은 순간에서 시작될 수 있다. 한 선생님은 친구 장난감을 빼앗은 아이에게 이렇게 말했다. "그 장난감이 지금 정말 갖고 싶었구나. 그런데 친구도 속상했겠지. 다시 말해볼까?" 이 말은 감정을 부정하지 않고, 이해하려는 마음이 담겨 있다. 그러자 아이는 울먹이며 말했다. "미안하다고 말할래요."

이처럼 공감은 훈육보다 강하다. 아이는 자기 마음을 말할 수 있다고 느낄 때, 비로소 행동을 조절할 수 있는 힘을 얻는다. 아이가 힘들어할 때, 그 마음을 끌어안아주는 말은 이런 말이다. "괜찮아. 지금은 슬퍼도 돼. 지금은 네 마음이 먼저야."

그런 말들이 쌓이면, 아이는 자신이 어떤 상황에서도 보호받는 존재라고 믿게 된다. 아이에게 "그 정도는 참아야지"라고 말하고 싶은 순간에 "너의 마음이 이해된단다"라고 말해보면 어떨까? 아이는 좋은 아이가 되기 위해 억지로 감정을 누르지 않아도 된다는 사실을 알게 될 것이다. 그리고 그 믿음이 아이가 진짜 좋은 사람으로 자라나는 토대가 되어줄 것이다.

아이에게는 어른의 마음을 강요하지 않아도 스스로 자라날 수 있는 힘이 그 안에 이미 존재하고 있다. 부모의 역할은 그것을 끌어내고 단단하게 만들어주는 것이다.

아이에게 완벽함보다
더 필요한 부모의 모습

나는 아이들에게 피아노곡을 자주 들려주며 연습해 보고 싶은 곡을 고르게 한다. 아이들은 이 시간을 정말 좋아한다. 음악 안에서 자신의 감정과 만나는 시간이기 때문이다.

중학교 1학년 아이가 부모님께 들려드리고 싶은 곡이라며 쇼팽의 녹턴을 선택했다. 아이가 연습을 하다가 손끝이 느리게 움직이며 눈빛은 깊은 생각에 잠겨 있었다. 나는 아이에게 조심스럽게 물었다. "이 곡에 너의 어떤 마음을 담아 부모님께 전하고 싶어?"

아이가 이렇게 대답했다. "선생님, 아빠는 매일 내가 잘못했대요. 아빠도 잘못하면서 자기 잘못은 모르고 내 잘못만 보이나 봐요. 이제 정말 아빠랑 이야기하기 싫어요. 그런데 이번에 이 곡을 선물하면서 대화를 해보려고요. 하지만 걱정돼요. 말하다 보면 결국 제 잘못만 말하고 아빠가 저에게 준 상처는 인정도 안 할 것 같아요."

아이의 내면에 얼마나 오래 참고 견뎌온 마음이 담겨 있었는지 느껴져 나는 그 자리에서 쉽게 말을 잇지 못했다. 아이의 아빠는 진심으로 아이를 걱정하고 사랑하는 분이셨다. 하지만 본인의 잘못을 인정하기보다는 타인의 실수에 더 예민하게 반응하고, 그러다 보니 아이는 자꾸 혼나는 사람이 되어가고 있었다.

그런데 문제는 이 아이는 또래 관계에서도 같은 패턴을 보인다는 점이었다. 친구가 자기 말에 웃기만 해도 "비웃는 것 같다"며 불쾌해했고, 놀이터에서 자기 차례를 기다리지 않은 친구에게 "넌 왜 나를 무시하냐"며 서운해했다. 이처럼 부모와의 관계에서 충분히 인정받지 못한 아이는 또래 관계에서도 자신의 감정을 방어적으로 표현하거나 상대의 의도를 부정적으로 해석하는 경우가 많다.

부모들은 아이의 태도를 바로잡으려 애쓰면서도 정작 아이 앞에서 사과를 하거나 자신의 부족함을 인정하는 데 익숙하지 않다. 하지만 아이가 인정하는 법을 배우기 위해서는 부모가 인정하는 모습을 먼저 보여주어야 한다. 그 모습이 반복되어 신뢰가 쌓일 때 아이는 조금씩 따라 하게 된다. 부모가 "내가 좀 감정적이었어. 미안해"라고 말하는 순간, 아이는 그 태도를 통해 받아들이고 인정하는 법을 배우게 된다.

자식은 부모의 소유물이 아니다. 부모는 자식을 사랑하고, 자식은 부모를 존경해야 한다. 이 관계는 서로 존중해야만 건강하게 지속될 수 있다. 그러나 현실에서는 자녀를 함부로 대하거나 자녀 앞에서 자신의 실수를 인정하지 않는 부모가 많다. 아이의 말과 감정을 끊고, 사람들 앞에서 창피를 주며, 때로는 신체적 처벌로 감정을 표현하는 경우가 있다. 이러한 행동들은 모두 아이의 자존감과 신뢰감을 크게 해친다.

자녀를 키우는 일은 가장 보람 있으면서도 가장 어려운 과제다. 부모는 부모가 되는 순간부터 한 인간의 인생에 지대한 영향을 주는 사람이 된다. 그만큼 자녀와의 관계에서 중요한 몇 가지 원칙은 반드시 지킬 필요가 있다.

아이의 말을 끊지 않고 끝까지 들어주는 것은 '너의 존재를 존중한다'는 신호다. 이것은 아이가 자신의 가치를 느끼는 데 결정적인 영향을 미친다. 또한 여러 사람 앞에서 아이를 비난하지 않는 것은 자녀의 존엄성을 지키는 최소한의 배려다. 신체적인 처벌을 삼가고, 논리적 설명과 감정 조절의 본보기를 보이는 것은 아이에게 건강한 문제 해결 방식을 가르치는 시작이다.

이러한 부모의 태도와 행동이 쌓여야 아이도 자연스럽게 인정하는 태도를 배울 수 있다.

어른이 먼저 인정해야 한다는 말은 무조건 부모가 모든 잘못을 덮어써야 한다는 뜻이 아니다. 단지 먼저 진심을 내보이는 사람이 되자는 제안이다. 감정적으로 행동해 심한 말을 내뱉었을 때 자신의 말투를 돌아보거나, 판단이 앞섰던 상황에서 내가 조금 더 생각해볼걸 그랬다고 반성하는 태도는 아이에게 인정이 용기라는 사실을 가르쳐준다.

하버드 대학의 심리학 교수 수잔 데이비드는 "자기인식은 감정을 조절하는 첫걸음이다"라고 말했다. 부모가 스스로를 객관화하며 실수를 인정하는 모습은 아이에게 '실수는 고백할 수 있는 것'이라는 심리적 안전망을 심어준다. 그래서 인정하는 연습은 아이와 함께해야 한다. 부모 역시 연습 중이라는 걸 보여주기 위해서다. 그 과정을 통해 아이는 자신의 감정을 돌아보고 타인의 입장을 고려하는 태도를 배우게 된다.

버락 오바마 전 미국 대통령은 한 연설에서 자신이 아버지로서 했던 가장 중요한 일은 아이들에게 아빠도 실수할 수 있다고 솔직하게 말해준 것이라고 밝혔다. 그리고 "그 말을 한 뒤에야 우리 아이들이 더 편하게 자신의 실수를 인정하기 시작했다"라고 덧붙였다. 오바마의 말처럼 부모가 자신의 실수를 인정하는 순간, 아이는 더 이상 방어하거나 숨어들지 않는다. 아이는 그 진심 안에서 완벽하지 않아도 사랑받을 수 있다는 확신을 얻는다. 그러므로 아이에게 진짜로 필요한 것은 완벽한 부모가 아니라 불완전함을 인정할 수 있는 용기 있는 부모다.

넬슨 만델라도 인정의 중요성을 몸소 보여준 지도자다. 그는 남아프리카 공화국의 인종 차별 철폐를 위해 싸우며 자신의 과오를 인정하고 화해와 용서를 이끌어냈다. 만델라는 이렇게 말했다. "용서는 과거를 잊는 것이 아니라 과거를 인정하고 그 위에서 새로운 미래를 만드는 것이다." 그의 이러한 태도는 감정의 인정이 개인을 넘어 공동체와 사회 전체의 회복을 가능하게 한다는 점을 보여준다. 그를 통해 불완전함을 인정하는 사람이야말로 사람들에게 진정한 신뢰를 얻을 수 있음을 알 수 있다.

부모 역시 가정 안에서 그런 리더가 될 수 있다. 부모가 먼저 자신을 돌아보고 실수를 인정하는 모습을 보일 때, 아이는 용서와 회복이 가능한 세상에서 살고 있다는 믿음을 갖게 된다. '인정'은 아이에게 건네는 따뜻한 메시지다. '괜찮아, 실수해도 다시 시작할 수 있어.' 그 말 한마디가 아이의 삶에 큰 영향을 미치게 된다.

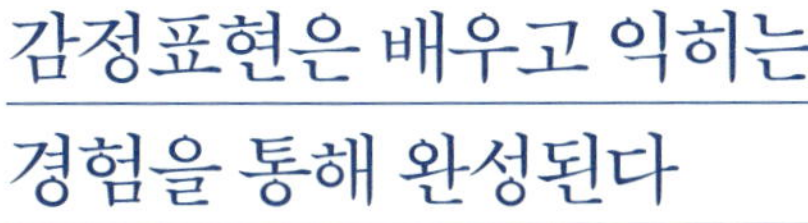

감정표현은 배우고 익히는 경험을 통해 완성된다

육아 예능 〈요즘 육아 금쪽같은 내 새끼〉에 친구와의 다툼이 잦은 아이가 소개된 적이 있다. 그 아이는 친구와의 갈등이 반복되며 마음을 표현하는 데 어려움을 겪고 있었다. 수업과 상담을 통해 여러 시도가 이어졌지만, 정작 아이의 마음속 이야기는 좀처럼 밖으로 나오지 않았다.

이 프로그램에서는 아이들의 속마음을 끌어내는 대화 파트너로 '금쪽이 코끼리' 인형이 등장했다. 코끼리 인형이 아이 앞에서 조심스럽게 마음을 물었다.

"왜 친구들과 계속 싸우는 거야?"

그러자 아이가 멈칫하는 표정을 보이더니 이내 낮은 목소리로 대답했다.

"나도 안 싸우고 싶어… 그런데… 방법을 모르겠어."

아이는 문제는 마음이 아니라 방법이라는 것을 이미 알고 있었다. 아이는 감정을 느끼는 데 문제가 있었던 것이 아니라 그 감정을 어떻게 꺼내고 풀어야 하는지를 아직 배우지 못했을 뿐이었다.

아이의 마음을 들여다본 오은영 박사는 이렇게 말했다. "방법을 말로만 알려주는 걸로는 부족합니다. 아이는 과정을 통해 발달하거든요. 부모가 아이와 함께 시간을 보내며 아주 구체적인 조언을 반복적으로 해줘야 해요. 그 과정을 거치다 보면 아이는 점점 그 방법을 몸에 익히게 되고, 결국 자기 것이 되는 거죠. 이런 과정을 함께 해나가다 보면, 아이도 분명 달라질 수 있습니다."

감정을 표현하는 능력은 단순한 조언으로 만들어지지 않는다. 아이가 문제를 겪을 때 부모가 해줘야 하는 것은 "그럴 땐 이렇게 해야지"라는 답보다 그 상황에서 어떤 마음이 들었는지, 어떻게 말해볼 수 있을지를 함께 고민해주는 일이다. 그 과정을 반복하며 아이는 조금씩 자신의 감정을 말할 수 있는 사람이 되어간다.

나는 피아노 수업을 하면서 아이들이 감정을 말로 표현하는

데 익숙하지 않다는 점을 자주 느낀다. "이 곡은 어떤 기분일 때 연주하고 싶니?"라고 물어보면, 대부분의 아이가 망설이다가 이렇게 대답한다. "잘 모르겠어요."

나의 감정이 어떤지, 그것을 어떻게 말로 옮겨야 하는지 모르는 아이가 점점 많아지는 현실 앞에서 아이들의 마음을 만날 다른 방법이 필요하다고 생각했다. 그 고민 끝에 나는 '마음 페이지'라는 것을 만들었다.

마음 페이지는 아이가 먼저 연주하고 싶은 피아노 곡을 고른 뒤, 그 곡을 어떤 마음으로 연주하고 싶은지를 스스로 들여다보도록 돕는 연습 도구다. 여러 장의 종이로 구성되어 있고, 각 장에는 아이가 자신의 마음을 떠올려볼 수 있는 감정 문장이 적혀 있다. '행복한 시간을 떠올리고 싶을 때', '속상한 일이 있었을 때', '누군가에게 마음을 전하고 싶을 때', '화가 날 때', '마음을 위로받고 싶을 때'처럼 아이가 일상에서 느낄 수 있는 감정들이 문장으로 제시되어 있다.

아이는 이미 고른 피아노 곡을 떠올리며 이 문장들을 하나씩 읽어본다. 그리고 이 곡이 어떤 마음일 때 치고 싶은 곡인지 천천히 들여다본다. 아이는 그중 자신의 마음과 가장 닮았다고 느껴지는 문장을 고른 뒤, 그 종이를 꺼내 자신이 선택한 곡과 함께 작은 파일북, 피아노 파일 책에 넣는다. 이 과정은 아이에게 감정을 정해주기 위한 시간이 아니다. 좋아서 고른 곡을 통해 자신의 마음을 스스로 발견해보는 연습이다.

이 과정을 반복하다 보면 아이들은 조금씩 달라진다. 예를 들면, 한 아이는 어느 날 다시 같은 질문을 던졌을 때 이렇게 말했다. "선생님, 이 곡은 마음을 편안하게 해줘요. 속상할 때 이 곡을 치면 진짜 스트레스가 풀려요."

감정은 표현될 수 있을 때 인식되고, 인식되어야 치유될 수 있다. 감정을 표현하는 상호 작용을 겪어보지 못한 채 자란 아이는 어려움에 부딪혔을 때 그 마음을 어떻게 꺼내야 할지 몰라 침묵하거나 반대로 감정을 폭발해버린다. 감정을 말로 표현하지 못하면, 그 마음은 오래도록 안에 갇히고, 아이는 표현보다 반응에 익숙한 아이가 되어간다.

정신과 의사 대니얼 시겔은 감정 조절 능력을 설명하면서 감정과 이성을 연결하는 뇌의 회로는 경험을 통해 만들어진다고 말했다. 아이의 감정을 언어로 설명해주고, 그 감정을 있는 그대로 받아줄 때 아이는 자신의 뇌 안에 감정과 사고를 잇는 연결을 하나씩 만들어간다. 감정을 표현하는 능력은 가르쳐야 하고, 반복해야 하며, 경험 속에서 성장한다. 사소하지만 꾸준한 감정 표현의 연습은 결국 큰 변화를 만들어낸다.

하지만 요즘 아이들 중에는 감정을 거의 표현하지 않거나, 반대로 감정을 한꺼번에 터뜨리는 경우가 적지 않다. 그 이유 중 하나는 감정을 읽어주고 해결해주는 부모가 많아졌기 때문이다. 아이가 시무룩해 있으면 이렇게 말하는 것이다. "표정이 왜 그래? 누가 뭐라고 했어? 기분이 나쁜 것 같은데. 걱정 마, 엄마(아빠)가 다 해결해줄게."

부모가 감정을 먼저 해석하고 문제까지 대신 해결해주는 일이 반복되다 보면, 아이는 점점 자신의 감정을 느끼고 표현할 기회를 놓치게 된다. 게다가 요즘 아이들은 갈등을 직접 겪을 기회도 점점 줄어들고 있다. 예전에는 친구들과 많은 시간을 보내며 작은 다툼을 스스로 해결해보는 경험이 자연스럽게 쌓였다. 하지만 지금은 대부분의 시간을 학교 안의 정해진 틀 속에서 생활하고, 그 밖의 관계들은 엄마가 만들어준 친구들, 엄마와 함께 있는 시간에 국한된다. 그래서 친구와의 작은 다툼이 생기면 아이가 그 갈등을 마주하기도 전에 부모가 먼저 나서서 해결하는 경우가 많다. 이런 환경 속에서 자란 아이는 감정을 드러내지 않아도 문제가 해결되고, 스스로 말하지 않아도 누군가가 정리해준다는 믿음에 익숙해진다. 그러면 감정은 표현이 아니라 위임되는 것이 되고 만다.

감정을 말로 표현하는 힘은 저절로 자라나지 않는다. 감정을 느껴도 괜찮다는 허락, 그리고 그 감정을 다룰 수 있도록 돕는 구체적인 학습이 필요하다.

예일대 감성지능센터장 마크 브래킷의 《감정의 발견》에서는 우리가 왜 '감정 표현'을 가르쳐야 하는지를 분명하게 보여준다. 마크 브래킷 교수는 "우리는 아이에게 감정을 느껴도 된다는 허락을 해주고 있는가?"라고 지적했다.

그는 아이들이 감정을 잘 표현하지 못하는 이유는 능력이 부족하기 때문이 아니라 감정을 느끼고 말해도 괜찮다는 신호를 충분히 받지 못했기 때문이라고 설명했다. 감정은 통제하거나 억눌러야 할 대상이 아니라 인식되고 다뤄질 때 비로소 건강하게 순환될 수 있는 경험이라는 것이다. 이 책의 원제 'Permission to Feel'은 바로 그 메시지를 가장 정확하게 드러낸다.

그는 감정을 다루는 가장 효과적이고도 빠른 접근 방식으로 'RULER' 모델을 제시했다. RULER는 감정을 인식하고(Recognize), 이해하고(Understand), 이름 붙이고(Label), 표현하고(Express), 조절하는(Regulate) 다섯 단계의 과정이다. 이 과정은 감정을 없애기 위한 훈련이 아니라 감정을 안전하게 다루기 위해 필요한 언어와 경험을 쌓아가는 순서라 할 수 있다.

브래킷 교수가 개발한 '무드 미터'는 이 과정을 돕는 대표적인 도구다. 이를 통해 아이들은 자신의 감정을 색으로 시각화하며 복잡한 마음을 한 걸음 떨어져 바라볼 수 있게 되고, 말로 표현하지 못했던 감정도 눈으로 보고 손으로 짚으며 접근할 수 있게 된다. 감정이 두려움의 대상이 아니라 이해할 수 있는 대상으로 바뀌는 경험을 하는 것이다. 이 경험은 곧 자신과의 대화로 이어진다.

세계적인 기업가 빌 게이츠는 자신의 성공과 실패를 이야기할 때 감정을 숨기지 않고 솔직하게 나누는 사람으로 알려져 있다. 그는 인터뷰와 연설에서 감정을 표현하지 않으면 나 자신도 나를 이해할 수 없다고 말하며 불안했던 순간과 실망했던 실패, 기뻤던 경험들을 구체적인 감정 언어로 드러낸다. 또한 타인의 감정을 잘 읽는 것만큼 자신의 감정을 말할 줄 아는 능력이 협업과 리더십의 핵심이라고 강조한다. 그는 어릴 적 어머니에게 감정을 솔직하게 말하는 연습을 하며 자랐고, 아버지를 떠나보낸 슬픔 역시 감정을 표현하며 견뎠다고 회고했다. 그는 그러한 경험을 통해 감정을 말로 나누는 일이 사람을 더 가깝게 만든다는 사실을 배웠다고 한다.

감정을 표현하는 것은 성장의 시작이다. 그리고 그 표현을 기꺼이 들어줄 준비가 된 어른이 곁에 있다는 경험은 아이가 세상에서 가장 먼저 배우는 정서적 안정감이 된다. 말하지 않아도 해결해주는 사랑보다 말할 수 있도록 기다려주는 사랑이 아이를 성장하게 한다. 아이가 어려움을 만났을 때 그 순간을 모면하고 해결하는 것이 끝이 아니라 그것을 어떻게 해결할까라고 스스로 질문할 수 있도록 돕는 것이 부모와 교육자의 역할이다.

감정을 표현한다는 것은 단순히 말로 감정을 드러내는 일이 아니다. 자신의 마음을 돌아보고, 타인의 마음과 연결되는 출발점이다. 그래서 부모는 아이가 표현을 잘하지 못한다고 답답해하기보다 그 감정이 표현될 수 있는 공간과 시간을 주고 있었는지를 먼저 돌아볼 필요가 있다.

웃음이나 침묵 뒤에 숨는
아이의 솔직한 마음은 무엇일까?

한 아이가 수업 시간에 발표를 하다가 대답을 잘못했다. 순간 교실이 조용해지자 아이는 얼굴이 붉어지더니 큰 소리로 웃어버렸다. 그리고 "장난이에요!" 하고 덧붙였다.

교실은 다시 웃음소리로 채워졌지만, 선생님은 곧 표정을 굳히며 말했다. "발표 태도도 배우자. 실수했다고 장난으로 넘기면 안 돼."

아이는 자리에 앉아 속삭였다. '사실은 창피해서 웃은 건데.'

결국 웃음이 선생님에게는 불성실로, 친구들에게는 장난으로, 스스로에게는 후회로 남았다.

심리학에서는 이런 현상을 '긴장 웃음'이라고 부른다. 기쁨이 아니라 불안, 당혹, 스트레스 같은 상황에서 튀어나오는 웃음을 말한다.

하버드 의대 연구진은 낯선 상황에 놓인 아이들의 생리 반응을 관찰했는데, 심장이 빨라지고 얼굴이 붉어지는 긴장 상태에서 웃음이 동시에 나타나는 경우가 많은 것을 발견했다. 이를 통해 웃음은 감정을 감추는 방어막이자 스스로를 진정시키려는 몸의 반응임을 밝혀냈다.

침묵 역시 마찬가지다. 말을 안 하고 가만히 있는 것은 반항처럼 보이지만, 사실은 괜히 말했다가 더 혼날까 봐 숨는 방식일 수 있다. 웃음과 침묵, 분노와 무표정 등 마음을 가리는 방패는 여러 가지 모습으로 나타난다. 겉모습은 다르지만, 그 안에는 어떻게 해야 할지 몰라서 감춘 마음이 숨어 있다.

그렇다면 아이가 웃음이나 분노, 침묵 뒤에 숨지 않고 자신의 감정을 꺼내도록 돕는 방법은 무엇일까? 부모가 할 수 있는 몇 가지 작은 실천이 있다. 아이의 마음을 열어주는 세 가지 방법은 다음과 같다.

1. 아이 대신 그 마음을 읽어준다

아이가 아무 말도 하지 못하고 고개만 숙일 때, 부모가 조심스럽게 짚어준다.

"혹시 뭐라고 말했다가 더 혼날까 봐 겁이 나는 거야?"

아이는 순간 뜨끔하지만, 동시에 안도한다. '맞아, 그게 내 마음이야.'

부모가 대신 마음을 언어로 읽어주면, 아이는 고개를 끄덕이며 조금씩 자신의 이야기를 이어간다.

2. 실수를 감춰야 한다는 압박감을 덜어준다

앞의 발표 장면에서 선생님이 이렇게 말했다면 어땠을까.

"민망해서 웃은 거구나. 하지만 네가 시도한 건 정말 잘했어. 다음엔 좀 더 정확히 준비하면 돼."

그랬다면 아이는 실수를 인정해도 괜찮다는 배움을 얻었을 것이다. 또한 실수해도 존중받는 경험은 아이가 성장할 수 있는 힘이 된다.

3. 안전한 대화의 공간을 마련한다

"괜찮아, 말해도 혼내지 않을 거야. 그냥 네 마음을 듣고 싶어."

부모가 먼저 이렇게 말해주면, 아이는 방패를 내려놓을 수 있다. 그리고 아이가 마침내 마음을 꺼내놓았을 때, "고마워, 네 마음을 말해줘서"라는 짧은 한마디가 아이를 지켜주는 울타리가 된다.

표현할 언어를 찾지 못해 마음을 감추는 건 아이들만의 이야기가 아니다. 역사 속에서도 말하지 못한 마음을 안고 살아야 했던 한 아이가 있다.

헬렌 켈러는 어린 시절 듣지도, 보지도, 말하지도 못해 세상과 단절된 아이였다. 하고 싶은 말은 가득했지만, 표현할 방법이 없어 분노와 좌절 속에서 몸부림쳤다. 하지만 앤 설리번 선생님을 만나게 되었다. 앤 선생님은 헬렌의 손에 물을 흘려주며 'water'라는 단어를 새겨주었다. 그 순간 헬렌은 처음으로 자신의 마음을 세상과 연결할 수 있는 언어를 갖게 되었다. 이후 헬렌은 자신의 감정들과 세상에 전하고 싶은 말들을 쏟아낼 수 있었다.

이 사례는 우리에게 중요한 깨달음을 준다. 아이들도 자신의 마음을 표현할 언어가 없을 때는 웃음과 침묵으로 가릴 수밖에 없다. 하지만 누군가 그 마음을 읽어주고, 그것을 표현하는 언어를 알려주면 마음의 빗장을 열게 된다. 부모의 말 한마디는 바로 그 열쇠가 될 수 있다. "혹시 네가 지금 웃는 건 창피해서 그런 거야?", "말했다가 더 혼날까 봐 무서운 거니?" 하고 조심스럽게 짚어주자. 그러면 자기 마음을 정확히 알아주는 사람이 있다는 사실이 두려움 속에서도 마음을 꺼낼 수 있는 용기를 아이에게 만들어준다. 만약 그런 순간에 부모가 아이의 겉모습만 보고 꾸짖는다면 아이는 다시 웃음과 침묵으로 숨어버리고, 마음의 문은 점점 더 굳게 닫히게 된다.

아이에게 언어는 단순한 말이 아니라 세상과 연결되는 다리다. 아직 표현할 방법을 배우지 못했을 뿐이지 아이의 안에는 이미 수많은 감정과 생각이 쌓여 있다. 그 마음에 길을 내어주는 사람이 부모라면, 아이는 웃음이나 침묵 뒤에 숨지 않고 자신의 진짜 마음을 꺼낼 수 있게 된다.

아이의 이런 모습은 결코 낯선 것이 아니다. 사실 우리도 어린 시절에 그런 순간들을 숱하게 겪었다. 선생님이 질문했을 때 대답이 떠오르지 않아 머뭇거리던 기억, 창피함을 감추려고 괜히 크게 웃어버린 순간, 하고 싶은 말을 차마 꺼내지 못하고 엉뚱한 행동이나 말로 감정을 가리던 일들. 그때의 나를 떠올려보면, 아이가 웃음과 침묵 뒤에 마음을 숨기는 것이 결코 특별한 행동이 아니라는 사실을 알게 된다.

그리고 이런 모습은 어른이 되어서도 여전하다. 회의 시간에 의견이 있어도 혹시 반대 의견이 나올까봐 끝내 말하지 못하고 대신 애매하게 웃으며 넘어간 적은 없었는가. 상사의 지적 앞에서 억울했지만 더 말하면 불리해질까 봐 침묵으로 버틴 경험은 없었는가. 사실 우리도 아이들처럼 웃음과 침묵을 방패 삼아 마음을 가린다. 그래서 아이들이 웃음과 침묵 뒤에 숨어버리는 모습은 결코 단순한 버릇이나 반항이 아니다.

아이가 웃는 건 잘못을 가볍게 여기기 때문이 아니라 아직 마음을 표현할 방법을 찾지 못해서다. 침묵 역시 반항이 아니라 두려움의 다른 얼굴일 뿐이다. 부모가 해줄 수 있는 것은 "말하지 않아도 알지?"가 아니라 "말해줘서 고마워"라고 감정을 나누는 태도다. 그 순간 아이는 웃음이 아니라 언어로, 장난이 아니라 진심으로 감정을 나누는 법을 배워간다.

웃음이나 침묵 뒤로 진심을 가리는 아이가 안전하게 마음을 드러낼 수 있도록 곁에서 기다려주자. 그것이 부모가 줄 수 있는 가장 따뜻한 선물이며, 아이가 평생을 두고 간직할 마음의 안전감이다.

단호함은 아이를 강하게 만드는 사랑이다

"선생님, 아이가 요즘 계속 힘들다고만 해요. 뭘 해도 재미가 없다고 하고, 조금이라도 마음에 안 들면 그만하고 싶다고 해요. 이럴 때는 그냥 맞춰주는 게 좋은 걸까요, 아니면 단호하게 대해야 할까요?"

어머니의 눈빛에는 지침과 혼란이 동시에 섞여 있었다.

부모는 아이가 힘들다고 말할 때마다 늘 다음과 같은 갈림길에 서게 된다. '그만하게 하는 게 맞을까? 아니면 계속하게 하는 게 맞을까?'

2023년 한국청소년정책연구원 조사에 따르면, 초등학생 자녀를 둔 부모의 58%가 아이가 힘들다는 말에 즉시 학습 활동을 중

단한 경험이 있다고 한다. 이것은 아이의 감정을 존중하고 싶은 마음에서 비롯된 선택이다. 하지만 시간이 지나면 '그게 정말 잘한 결정이었을까?'라는 의문이 따라온다. 부모는 순간의 평화는 얻지만, 아이에게 필요한 배움의 과정까지 놓친 건 아닐까 하는 두려움이 마음속에 남게 된다.

한번은 친구에게서 전화가 왔다. "요즘 애가 학원을 다니기 싫다고 해서 다 그만뒀어. 잘한 건지 모르겠다. 힘들면 그만두고 불안하면 다시 시작하고… 나 계속 이렇게 반복해야 하는 거니?" 친구의 아들은 눈치가 빠르고 감정이 섬세한 아이였다. 칭찬을 받으면 금세 환하게 웃지만, 자신이 기대했던 반응이 돌아오지 않으면 쉽게 상처받았다. 하루에도 몇 번씩 변하는 아이의 기분에 부모도 함께 요동칠 수밖에 없었다.

상담실에서도 이런 고민을 자주 듣는다.

"아이가 수학 문제를 풀다가 힘들다고 우는 거예요. 결국 그만하라고 했어요. 이제는 그런 모습 안 봐서 편하기는 한데, 내가 아이를 포기하는 아이로 만드는 건 아닐까 라는 불안이 몰려와요."

"피아노를 배우고 싶다고 해서 등록했는데, 한 달쯤 지나니 힘들다고 해서 그만두자고 했어요. 그런데 며칠 뒤에는 다시 하고 싶다고 하더군요. 그때부터 아이의 말에서 뭘 믿어야 할지 모르겠어요."

부모의 마음은 늘 '사랑'과 '단호함' 사이에서 흔들린다. 아이의 감정을 존중하지 않으면 상처를 줄까봐 두렵고, 아이의 기분에 맞춰 모든 걸 결정하다 보면 기준 없는 삶을 가르치는 건 아닐까 불안하다. 그러나 가장 중요한 것은 아이가 발걸음을 멈추려는 순간마다 부모가 어떤 태도로 서 있느냐다.

심리학자 다이애나 바움린드는 1960년대부터 40년간 부모의 양육 태도를 연구해왔다. 그 결과 다음과 같이 네 가지 유형을 제시했다.

- 독재적 태도 – 규율과 통제를 강조하며 일방적으로 지시
- 허용적 태도 – 규칙은 거의 없고 아이의 욕구를 제한하지 않음
- 권위 있는 태도 – 따뜻한 애정 속에서 분명한 기준을 세우고 아이의 의견을 존중
- 방임적 태도 – 관심과 지도가 모두 부족

교육 관련 수많은 연구가 보여주는 결과는 이 가운데 아이가 가장 건강하게 자라는 방식은 '권위 있는 태도'라는 사실이다. 부모가 아이의 감정을 존중하면서도 분명한 기준과 일관성을

지키는 태도를 말한다. 반대로 허용적 태도는 순간의 갈등은 줄여주지만, 장기적으로는 아이의 자기조절력을 약화시킨다.

세계적인 테니스 선수 세레나 윌리엄스는 훈련 과정에서 힘들다며 눈물을 보이곤 했다. 그러나 아버지 리처드 윌리엄스는 흔들리지 않았다. "괜찮다, 힘들 수 있어. 하지만 오늘 훈련은 끝까지 해보자." 포기를 허락하지 않되 감정을 무시하지 않는 태도였다. 세레나는 훗날 이렇게 회상했다. "아버지의 단호함이 나를 코트 위에서 흔들리지 않게 만들었다. 단호함 속에서 느낀 사랑이 나를 여기까지 이끌었다."

부모의 태도는 아이의 하루뿐 아니라 삶 전체의 방향을 이끈다. 순간에는 작은 갈림길 같아 보여도 그 선택이 쌓여 결국 아이 삶의 방향이 결정된다. 교육학자 존 듀이는 "교육은 삶을 준비하는 것이 아니라 삶 그 자체다"라고 말했다.

부모의 단호한 태도는 단순히 한 가지 활동을 이어가게 하는데 그치지 않는다. 그것은 아이가 삶을 어떤 눈으로 바라보고 어떤 자세로 맞이할지를 배우는 과정이다. 아이가 "힘들다"라고 말할 때 부모의 권위 있는 태도는 다음과 같은 메시지를 전한다. "네가 힘들다는 걸 알고 있어. 하지만 우리는 함께 이겨낼 수 있어."

우리는 흔히 사랑을 따뜻하고 부드럽게 표현해야 한다고 생각한다. 그러나 사랑은 때로 단호해야 한다. 단호함은 억압이 아니라 아이가 안심하고 도전할 수 있게 하는 울타리가 되어 준다. 아이는 그 안에서 다시 균형을 찾아가는 법을 배우게 된다. 부모의 한결같은 태도는 아이에게 이런 믿음을 선물한다. '세상은 때로 힘들겠지만, 내 편에서 흔들리지 않고 서 있는 사람이 있다. 그러니 나도 조금 더 버틸 수 있다.'

아이가 "힘들다"고 말할 때 우리는 이 점을 기억하자. '내가 흔들리지 않고 서 있을 때, 아이는 비로소 자신만의 힘을 발견하게 된다.'

제4장

아이에게 삶에서 중요한 정서와 태도를 길러주는 법

부모가 감정을 조절할 수 있어야
훈육도 시작된다

아이를 기르다보면 훈육을 해야 할 순간이 많다. 부모로서는 아이를 바로잡기 위해 훈육을 하지만 아이에게는 그것이 상처로 남을 때가 있다.

모두가 집에서 시간을 보내는 주말 아침, 엄마는 아이에게 말했다. "정리하면서 놀아!"

아이는 "네!"라고 대답했지만, 방은 여전히 책이 펼쳐진 채 여기저기 널려 있었고, 블록과 종이 조각들이 어지럽게 굴러다녔다. 엄마는 몇 번을 참았다. 저녁을 준비하면서도 스스로에게 말했다. '지금은 피곤하니까, 일단 저녁만 먹이고 나서 말하자.' 하지만 산더미처럼 쌓인 감정은 아이 방을 마주한 순간 터지고 말았다. "대체 몇 번을 말해야 해! 너 이렇게 정리 못 할 거면 다 버려!"

갑작스런 엄마의 분노에 아이는 얼어붙은 표정으로 고개를 푹 숙였다. 그러고는 황급히 정리를 마친 뒤 방에 들어가 이불을 뒤집어쓰고 누웠다. 그 속에서 아이는 조용히 중얼거렸다. "엄마 정말 나빠." 아이 마음속에 남은 것은 '내가 잘못했구나'가 아니었다. 섭섭함, 억울함, 그리고 무서움이었다.

그날 밤 아이는 결국 엄마 곁에 오지 않았다. 평소 같았으면 책을 읽어달라고 이불을 들고 왔을 아이가 그날은 불도 끄지 않은 채 혼자 이불을 뒤집어쓰고 잠이 들었다. 엄마는 조용히 아이 방의 문을 닫고 부엌에 앉아 있던 남편에게 말했다. "오늘 내가 아이한테 한 말이 어떻게 남았을까?" 남편은 잠시 생각하더니 조용히 자신의 이야기를 꺼냈다.

"나 어릴 때 아버지가 화가 나면 갑자기 소리를 지르고 문을 쾅 닫고 나가셨어. 뭘 잘못했는지는 사실 기억이 잘 안 나. 그냥 무섭다는 생각만 들었어. 그래서 그다음부턴 잘못을 말하지 않게 됐던 것 같아. '내가 뭘 고쳐야 하지?'가 아니라, '아버지가 화 안 나게 하려면 어떻게 해야 하지?' 그 생각만 하게 되더라고."

아이의 엄마는 그 말을 듣고 말없이 고개를 끄덕였다. 지금 아이가 이불 속에서 느끼고 있는 마음도 어쩌면 그와 비슷할 거라고 생각했다. 그제야 엄마는 참았던 감정을 터뜨리는 데 몰두했던 자신을 돌아보게 되었다. 문제는 아이의 행동보다 자신의 감정이 쌓이도록 내버려둔 시간들이었다.

며칠 뒤, 비슷한 상황이 다시 찾아왔다. 아이의 방은 또다시 어지럽혀져 있었고, 엄마는 그 모습을 보는 순간 속에서 화가 치밀었다. 하지만 이번엔 잠시 숨을 고르고, 방으로 들어가 아이와 눈을 마주쳤다. 그리고 조용히 말했다. "지금 방 상태를 보니까, 엄마가 조금 답답해져. 엄마가 너한테 화내고 싶지 않아서 그러는데, 우리 어떻게 정리하면 좋을까?" 아이는 순간 놀란 듯했지만, 이내 대답했다. "엄마! 내가 블록부터 치울게요."

그날은 감정의 폭발이 일어나지 않았다. 아이도 혼나지 않았고, 엄마도 마음이 덜 상했다.

같은 상황에서도 부모의 반응에 따라 전혀 다른 결과가 나타난다. 참다가 터진 분노는 아이에게 상처를 남겼고, 감정을 조절한 훈육은 아이의 자율성을 끌어냈다. 화는 아이를 잠시 멈추게 할 수는 있어도 마음을 열게 하지는 못한다. 훈육은 아이가 자신의 행동을 돌아보고, 고칠 방법을 스스로 고민하게 만든다.

이처럼 감정의 폭발 없이 상황을 잘 넘긴 뒤 부모는 다시 비슷한 상황이 반복되었을 때 또 화를 내지 않고 어떻게 훈육할 수 있을지를 고민하게 된다. 만약 아이가 정리를 잘하지 못한다면 아이와 함께 정리 습관을 만들어갈 수 있는 실천 방법을 시도해보는 것이 좋다.

예를 들어, 아이와 짧은 회의를 열고 이렇게 제안해보자. "정리를 잘 못할 만큼 너무 많은 물건이 방에 있는 건 아닐까?" "정리를 좀 더 쉽게 할 수 있는 방법을 우리 같이 찾아볼까?" 이러한 대화 속에서 아이와 함께 정한 규칙은 다음과 같을 수 있다.

- 정리하지 못할 정도로 많은 물건을 한꺼번에 꺼내지 않기.
- 자주 어질러지는 장난감은 투명한 박스에 담아 보관하고 꺼내 쓰기.
- 정리를 잘 마친 날에는 박스 속 장난감 하나를 다시 꺼낼 수 있는 기회를 주기.

이것은 한 번에 모든 걸 해결하자가 아니라 아이의 역량에 맞춰 천천히 확장해가는 방식이다. 이러한 방식은 아이에게는 정리는 자신이 할 수 있는 일이라는 성취감을 주고, 부모에게는 감정이 아닌 구조로 훈육할 수 있는 기회를 준다. 부모의 말 한마디가 아이에게 남기는 감정의 깊이를 생각할 때, 우리는 스스로에게 물어야 한다. '나는 지금 아이의 마음을 열고 있는가? 아니면 닫고 있는가?'

비폭력의 상징이었던 마하트마 간디는 자녀교육에서 이러한 질문을 삶으로 실천했던 부모였다. 그는 자녀가 실수를 했을 때 화를 내기보다 조용히 곁에 앉아 이렇게 말했다고 한다. "왜 그렇게 행동했는지 이야기해볼래?" 또 자녀가 학교에서 친구와 다툰 날에는 책임을 묻기보다 "그 친구는 왜 그렇게 행동했을까? 그 친구 입장에서도 한번 생각해보자"라고 문제 해결이 아닌 마음 연결에 초점을 맞췄다. 그는 행동을 바로잡는 것보다 감정을 이해하고 표현하는 법을 먼저 가르친 것이다.

루이스 피셔가 쓴 간디의 전기인 《간디의 삶과 메시지》에 따르면, 간디는 비폭력은 싸우지 않는 것이 아니라 이해하려는 태도에서 시작된다는 철학을 가정교육에 담아냈으며, 자녀가 자신의 감정을 말하고 타인의 입장을 상상해보도록 도왔다. 그 결과 간디의 자녀들은 실수를 두려워하기보다 자신의 감정을 돌아보고, 타인의 감정을 이해하는 태도를 배웠다.

아이가 자기 감정을 숨기지 않고 솔직하게 말할 수 있도록 하려면, 부모가 감정에 휩쓸리기 전에 훈육이 필요한 순간을 먼저 알아차리는 것이 중요하다. 바로 그 태도가 아이에게는 '나도 내 마음을 말할 수 있구나'라는 신호가 되고, 부모에게는 진정한 훈육의 시작이 된다.

아이는 저마다
맞는 길이 있다

'그냥 좀 지나면 괜찮아지겠지.'

'성격이 그런 걸 어떡해.'

'언젠가는 용기가 생기겠지.'

'크면 괜찮을 거야.'

부모들은 아이에 대해 여러 가지를 고민하다가 지칠 때쯤 시간이 해결해줄 거라고 믿는다. 정말 그럴까?

쑥스러움이 많은 아이가 있었다. 무엇이든 하고 싶은 마음은 가득했지만, 쑥스러움에 마음을 감추고 마는 아이였다. 아이는 자신을 표현해야 하는 시간이 오면 용기가 나지 않아 항상 이렇게 말했다. "너무 쑥스러워서요. 저는 못 할 것 같아요." 부모는 그 마음을 이해했다. 그래서 사람들 앞에서도 "우리 아이는 원래 좀 그런 성격이에요"라고 말했다. 아이는 그렇게 용기 내지 못하는 태도를 계속 반복할 뿐이었다.

같은 또래의 다른 한 아이가 있었다. 그 아이 역시 사람들 앞에 서는 걸 어려워했지만, 부모는 그 자리에서 멈추지 않았다. '이 성격을 바꾸자'가 아니라 '어떻게 하면 조금이라도 편안하게 이걸 마주하게 할 수 있을까?'를 함께 고민했다. 부모는 아이에게 부담을 주지 않으면서 아이가 할 수 있는 아주 작은 일부터 찾기 시작했다.

먼저 집에서 작은 발표회를 열었다. 물론 한 번의 시도는 어떤 변화도 가져다주지 못했다. 아이는 그 후에도 쑥스러움에 고개를 숙였고, 한두 번은 용기를 냈다가도 다시 도망치듯 돌아서곤 했다. 부모는 실망하기보다 방향을 바꾸어 또 다른 방법을 떠올렸다. 그 시도가 막히면 다시 방향을 바꾸어 다른 가능성을 향해 걸어갔다. 때로는 아이가 편안해하는 공간에서, 때로는 아이가 먼저 용기를 낼 수 있게 상황을 만들어주며 조금씩 마음을 열 수 있도록 다양한 경험을 하도록 했다. 그리고 언제나 옆에서 용기를 북돋워주었다. 처음에는 부모님 앞에서, 다음에는 할머니와 할아버지 앞에서, 그다음에는 더 많은 사람 앞에서 발표시간을 가지며 아이는 조금씩 앞으로 나아갈 수 있었다.

이 모든 순간이 아이에게는 쑥스러움을 넘어서 한 걸음 나아가보려는 '도전' 그 자체였다. 그리고 그 과정을 함께 지켜봐 주는 사람이 곁에 있었기에 아이는 포기하지 않고 다시 시도할 수 있었다. 아이는 조금씩 자신만의 속도로 세상에 나설 수 있었다. 예전엔 하지 못하던 사람들 앞에서 작은 용기를 내는 것, 발표하는 순간에 사람들과 눈을 마주치는 것 등 모든 것이 아이에게는 분명한 변화였다. 일상의 아주 작은 순간들이 아이에게는 충분한 연습이 된다. 그리고 그 연습은 결국 아이가 자신만의 길을 발견하도록 이끌어준다.

알베르트 아인슈타인은 어린 시절 내성적인 아이였다. 학교에서 친구들과 잘 어울리지 못했고, 말수도 적었으며, 생각을 표현하는 데 어려움을 겪었다. 하지만 그의 부모는 아인슈타인이 원래 성격이 그렇다며 멈추지 않았다. 아들의 성향을 존중하면서도 그가 편안한 방식으로 세상과 연결될 수 있도록 다양한 길을 함께 찾아갔다.

그들은 아인슈타인이 흥미를 느끼는 수학과 과학 책을 가까이 두었고, 그가 사고하고 탐구할 수 있는 환경을 마련해주었다. 그러한 환경 속에서 아인슈타인은 천천히 자신만의 방식으로 표현하고 성장할 수 있었다.

아인슈타인의 부모는 정답을 안 것이 아니라 계속 방법을 모색해 나간 것이다. 처음부터 명확한 길이 보인 것은 아니었지만, 실패하더라도 포기하지 않고 다시 다른 방향으로 한 걸음 내딛는 태도 속에서 아인슈타인은 자신의 속도로 성장할 수 있었다.

처음에는 조용히 혼자만의 세계에 머물러 있었던 아인슈타인은 친구들과 토론하며 생각을 나누는 법을 배웠고, 동료들과 함께 일하며 자신의 아이디어를 조리 있게 설명하고 피드백을 주고받는 연습을 했다. 시간이 흐르자 그는 점점 더 많은 사람과 자연스럽게 연결되었고, 사회 문제에도 목소리를 내며 자신의 언어로 세상을 향해 말하기 시작했다.

그 모든 변화는 '이 아이에게 반드시 길이 있을 거야'라고 믿고 실패 속에서도 지치지 않고 다른 길을 찾으려 했던 부모의 태도에서 비롯되었다.

아동 발달·양육 연구에서는 부모가 양육 과정에서 마주하는 어려움에 어떻게 대응하는지가 아이의 정서적 안정과 사회적 적응에 중요한 영향을 미친다고 말한다. 문제를 하나의 실패로 단정하기보다 다른 방법을 찾고 다시 시도하려는 부모의 태도는 아이에게도 그대로 전달된다.

부모가 "이 길이 아니면 또 다른 길을 찾아보자"라고 말해줌으로써 아이는 실패를 끝이 아닌 과정으로 받아들이게 된다. 또한 아이는 부모의 긍정적인 반응을 통해 삶을 긍정적으로 대하는 태도를 배운다.

아이를 바라보는 부모의 마음은 때때로 너무 빠른 변화를 기대한다. 짧은 시간 안에 성격이 달라지고, 자신감이 생기기를 바란다. 하지만 변화는 결코 단번에 찾아오지 않는다. 아이와 함께 또 다른 가능성을 발견해가는 과정은 아이에게 삶의 방향을 찾는 큰 연습이 된다.

아이에게는 저마다 맞는 길이 있다. 지금 잘되지 않는다고 해서 능력이 없는 것이 아니라 아직 그 아이에게 맞는 길을 찾지 못했을 뿐이다. 그 길은 서두르지 않고 끝까지 포기하지 않는 사람에게 활짝 열린다.

힘든 순간일수록 아이와
따뜻한 소통과 감정을 나누자

한 친구가 한번은 이렇게 털어놓았다. "우리 가족은 왜 자꾸 일이 꼬일까?"

갑작스러운 아버지의 병환, 학교 적응을 어려워하는 아이로 인해 무엇이 문제인지 어디서부터 잘못된 건지 알 수 없다고 했다. 이런 경우 사람들은 보통 누구의 잘못인지를 찾으려 한다. 하지만 진짜 중요한 것은 누구의 잘못인가가 아니라 이 시간을 어떻게 함께 지나가느냐 하는 것이다.

우리는 누구나 삶에서 힘든 시간을 만나게 된다. 그런데 그 시간을 절망의 시간으로 만드는 가족이 있는 반면, 성장과 연결의 시간으로 바꾸는 가족도 있다.

힘든 상황이 닥쳤을 때 가족의 모습은 보통 두 가지로 나타난
다. 한 가지는 감정을 드러내지 못한 채 침묵하거나 분노로 표출
하는 것이다. 서로가 말을 삼키고 눈치를 보며 시간을 흘려보낸
다. 그러다 대화는 점점 줄고, 서운함과 오해가 쌓이며 결국 생
각지도 못한 작은 일에서 감정이 터지고 만다. 그 방식이 반복되
면, 결과는 더 깊은 침묵과 분노로 되돌아온다. 그들은 힘든 시
간을 견디는 것이 하나의 습관이 되는 것이다.

또 다른 모습은 어려움 앞에서 다른 선택을 하는 것이다. 서로
가 서로에게 어떤 사람이 되어줄 수 있을까를 함께 고민하고, 서
로에게 도움을 청하고, 힘들어도 서로 미소를 건네려 애쓴다. 그
마음이 가족을 하나로 묶고, 각자의 자리에서 노력하는 모습을
보며 결국 어려움을 이겨낼 수 있을 거라는 용기를 얻는다.

가족 중 누군가가 힘들어지면, 나머지 가족들도 함께 흔들리
게 된다. 한 사람의 감정이 집안의 공기를 바꾸기도 한다. 하지
만 이럴 때일수록 아이 앞에서 너무 담담한 척, 아무렇지 않은
척하기보다 "우리 가족이 지금 조금 힘든 시간을 지나고 있어"
라고 솔직하게 말해주는 것이 아이에게도, 어른에게도 그 힘듦
을 이겨낼 수 있는 용기를 준다.

물론, 아이에게 모든 사정을 낱낱이 말하라는 뜻은 아니다. 부
모가 감정을 감추지 않고 건강하게 표현하는 모습을 보여주는

것, 그리고 아이가 혼자가 아니라는 정서적 안정감을 느끼게 해주는 것이 중요하다. 아이들은 부모의 감정 변화에 민감하다. 부모가 말로 하지 않아도 표정, 말투, 분위기 속에서 '무슨 일이 있는 걸까?' '내가 뭘 잘못했나?' 하고 혼자서 해석하고 걱정하곤 한다. 그래서 차라리 "요즘 엄마가 할아버지가 아파서 힘들었어. 그런데 너랑 이야기하니까 힘이 난다"와 같이 솔직하고 따뜻한 방식으로 알려주는 것이 아이에게 불안을 줄이고, 심리적 거리를 좁히는 길이 된다. 감정을 숨기는 것이 아이를 위한 것처럼 느껴질 때가 있지만, 오히려 부모의 솔직하고 안정된 태도가 아이에게는 '이 상황은 함께 견뎌도 괜찮은 일이구나'라는 메시지를 전달해준다.

'가족 회복력'이라는 개념이 있다. 가족이 위기와 고난을 겪을 때 그 고통을 함께 겪고 나아갈 수 있는 힘을 말한다. 미국심리학회의 연구에 따르면, 가족 간의 긍정적인 의사소통은 스트레스 상황에서 가족의 심리적 안녕을 증진시키고 회복력을 높이는 데 결정적인 역할을 한다. 특히 감정을 숨기지 않고 솔직하게 나눌 수 있는 따뜻한 소통, 서로를 지켜주고 있다는 느낌을 주는 정서적 지지, 그리고 문제를 누구의 책임으로 돌리기보다 함께 바라보고 해결하려는 태도가 가족을 다시 하나로 묶는 중요한 기반이 된다. 또한 연구는 가족이 위기 상황을 이겨내는 데 있어

서로 간의 결속력, 변화에 유연하게 대응하는 힘이 가족 회복력의 두 축을 이루며, 이 두 요소가 조화를 이루는 가족일수록 더 단단한 심리적 회복을 이끌게 된다는 점을 강조했다.

유튜버 삐루빼로, 최수빈님 가족의 이야기는 그 사실을 잘 보여주고 있다. 그녀는 스물네 살이라는 젊디젊은 나이에 루게릭병 확진 판정을 받았다. 완치도, 명확한 치료법도 없다는 의사의 말은 그녀뿐 아니라 가족 모두에게 청천벽력과도 같았다. 하지만 그 가족은 그 고통을 외면하지 않는다. 처음에는 눈물과 침묵으로 견뎠지만, 그들은 점차 감정을 감추지 않았다. 울고, 쓰러지고, 억울해하면서도 결국 다시 마주 앉아 서로의 마음을 꺼냈다. 그들은 "왜 우리에게 이런 일이 생긴 걸까?"라는 질문을 반복하기보다 "이제 우리가 어떻게 살아갈까?"를 고민하기 시작했다.

그녀는 다리를 움직이기 어려웠던 날, 포크 하나 드는 것도 버거웠던 순간들, 병이 서서히 몸을 잠식해 가는 그 시간들을 감추지 않았다. 그 모든 순간에 그녀는 미소를 잃지 않았고, 영상 너머로 오늘도 우리는 잘 살고 있다고 전했다. 그 옆에는 늘 가족이 있었다. 이들은 서로에게 미안하다고 말하면서도 "네가 있어서 다행이야"라는 말을 주고받았다. 서로가 서로의 일상을 포기하지 않도록 지켜주고 붙들어주는 모습이었다.

삐루빼로 가족의 선택은 단순한 의지가 아니었다. 그것은 회피하지 않고 고통을 함께하는 용기, 그리고 함께 회복해 가는 가족 회복력의 진짜 모습이었다. 그들은 삶이 무너질 것 같은 순간에도 마음을 숨기기보다 꺼내 보이고, 각자의 자리를 지키며 함께 애썼다. 그들은 그것이 바로 가족이라는 존재가 줄 수 있는 가장 큰 힘이라는 사실을 우리에게 보여준다.

심리학자 브레네 브라운은 "우리는 고통을 숨기면 숨길수록 더 고통스러워진다"고 지적했다. 진짜 용기는 고통 속에서도 함께하는 것이다. 가족이 함께 힘든 시간을 겪는다는 것은 함께 살아내는 연습이다. 그 고통의 시간의 의미를 함께 받아들이는 것 자체가 이미 깊은 배움이며 치유다.

위에서 말했던 친구를 한참이 지나 만났을 때 그녀는 이렇게 말했다. "그땐 정말 너무 힘들고 괴로웠어. 아버지가 아프고, 아이는 학교에 적응하지 못하고 계속 힘들어하고, 우리 가족은 서로 날카롭게 굴었지. 근데 그 시기를 함께 견디고 나니까 지금은 정말 별일 아닌 일에도 웃게 되더라. 예전엔 몰랐는데 지금은 알아. 그저 함께 있는 이 시간이 얼마나 귀한지."

아마도 힘든 시간이 없었다면, 친구의 가족은 지금 느끼는 서로의 소중함을 몰랐을지도 모른다. 힘든 시간을 함께 지나온 가족에게는 다시 어려움이 찾아와도 서로를 믿고 지킬 수 있는 힘이 남는다.

실패와 좌절을 견디는 회복력은
저절로 길러지지 않는다

학원을 운영하는 친구가 이런 이야기를 들려주었다.

한번은 학원으로 갓 채용한 강사의 아버지에게 전화가 걸려왔다. 아버지는 자신이 전화를 건 이유를 이렇게 설명했다. "학원 수업 방식이 소수 정예라 아이(강사)가 아이들과 오랫동안 집중해야 하는데, 그 과정이 너무 버겁다고 합니다. 수업 중에 아이들이 엉뚱한 얘기를 꺼내거나 수업이 흐트러지가 일쑤고, 파트 강사로서 3시간 동안 밀도 있게 교류하는 것이 아이에게 너무 큰 부담입니다. 저는 우리 아이 힘들게 하고 싶지 않습니다."

그 강사는 이제 막 네 번째 수업을 마친 참이었고, 친구는 강사가 수업 중 힘들어한다는 이야기를 들어본 적이 없었다. 또한 매 차시가 끝날 때마다 "혹시 어려운 점 있으면 알려주세요, 제가 도와드릴게요"라고 물었지만 별다른 말이 없었다. 그럼에도 그 강사의 아버지에게 그러한 말을 듣자 친구는 처음에는 영문을 알 수 없었다. 하지만 이내 머릿속에서 퍼즐이 맞춰졌다고 한다. 그 강사는 힘든 일을 견디기 어려운 것이 아니라 애초에 힘든 경험 자체를 해본 적이 없었던 것이다.

결국 강사는 학원을 그만두었고, 아버지는 대신 전화를 걸어 4일간의 급여 정산을 요청했다. 그 과정에서 강사 본인의 목소리는 전혀 없었다. 그 강사는 스스로 결정하거나 이야기하는 것이 전혀 없었고, 마지막까지 아버지가 모든 것을 대신 해주었다.

친구는 마지막으로 강사에게 다음과 같이 문자 메시지를 보냈다. "선생님이 직접 이야기했다면 더 좋은 방법을 함께 찾을 수도 있었을 텐데, 마지막이 아버님과의 대화로 끝난 게 아쉽네요. 그동안 수고 많으셨습니다." 하지만 답장은 없었다.

이 일을 곱씹으며 친구는 그 강사를 면접하던 순간을 떠올렸다. 강사는 자신이 다녔던 학원에서의 힘들었던 경험을 털어놓았다. "한 시간에 스무 명씩 레슨을 했어요. 아이들과 친해질 수도 없고, 그냥 정해진 내용을 전달만 하는 식이었죠. 제대로 된 교육 같지 않아 늘 아쉬웠어요. 여기는 소수 아이들만 배정한다고 하셨죠? 아이들과 교감할 수 있어 정말 좋을 것 같아요."

분명 친구의 학원은 그 강사가 원하던 환경이었다. 그러나 막상 부딪쳐보니 자신의 예상과 너무 달랐던 것이다. 스무 명을 가르칠 때는 기계적으로 진도를 나가면 됐지만, 네 명과 깊이 마주하는 수업은 달랐다. 아이가 집중하지 못하면 다시 붙잡아야 했고, 조용한 아이가 있으면 스스로 질문을 이끌어내야 했다. 내용 전달이 아니라 관계와 조율의 기술이 필요했다. 그러한 과정이 익숙하지 않은 그 강사에게는 버거울 수밖에 없었던 것이다.

이 이야기는 그 강사만의 문제가 아니다. 요즘 많은 아이에게서 똑같은 현상이 일어나고 있다. 새로운 도전을 마주했을 때 조금이라도 힘이 들면 쉽게 포기하는 것이다. '어떻게 해결할까?'라는 질문 대신 무조건 '이건 나랑 안 맞아'라는 결론을 내려버린다. 이런 경험이 쌓이면 도전 앞에서는 그냥 돌아서게 된다.

이겨내는 힘은 저절로 생기지 않는다. 그리고 단번에 만들어지지도 않는다. 한 번도 스스로 버텨본 적이 없는 아이가 갑자기 이번엔 끝까지 해내자라고 생각할 리가 없다. 작은 어려움이라도 맞닥뜨리고 부딪쳐보는 경험이 쌓여야 아이는 할 수 있다는 자신감을 갖게 된다.

부모가 아이를 힘들게 하지 않으려는 마음은 자연스러운 본능이다. 자식이 눈물 흘리는 모습을 보는 것이 가장 힘들고, 좌절하는 순간을 대신 막아주고 싶은 마음은 사랑에서 비롯된다. 하지만 그 사랑이 지나치면 아이는 스스로 어려움을 다루는 연습의 기회를 잃는다. 부모의 과잉 개입은 아이에게 안전을 주는 대신 문제 해결력을 빼앗아간다.

어린 시절 작은 패배와 실패를 겪어본 이들이 더 강인하게 성장한다. 김연아 선수는 수많은 실패와 부상을 경험했지만, 그 순간마다 포기하는 대신 다시 일어서는 훈련을 통해 세계적인 무대에 설 수 있었다고 고백했다.

심리학자 안젤라 더크워스는 저서 《그릿》에서 장기적인 성취를 예측하는 가장 강력한 요인은 재능이 아니라 끈기라고 강조했다. 단기적인 성과보다 중요한 것은 어려움 속에서도 다시 시도할 수 있는 힘, 즉 회복력이다.

하버드대 아동발달센터는 연구를 통해 작은 실패를 반복적으로 경험하고 극복한 아이일수록 문제 해결력과 자기조절 능력이 더 높게 발달한다는 사실을 밝혀냈다. 실패를 경험하지 않고 자란 아이보다 넘어졌다가 다시 일어선 경험이 있는 아이가 훨씬 단단하게 성장한다. 아이에게서 실패를 빼앗는 것은 근육을 쓰지 못하게 하는 것과 같다. 쓰지 않는 근육이 약해지듯 실패를 겪고 일어나는 경험이 쌓이지 않으면 회복력 또한 길러지지 않는다.

영국의 정치가 윈스턴 처칠은 "성공은 최종적이지 않고, 실패는 치명적이지 않다. 중요한 것은 계속해 나가는 용기다"라고 말했다. 성공도 잠깐의 결과일 뿐이며, 실패도 끝이 아니다. 중요한 것은 멈추지 않고 다시 시도해보는 태도다. 아이가 힘들다며 멈춰 서고 싶어 할 때, 부모가 줄 수 있는 가장 큰 격려는 완벽한 해결책이 아니라 "괜찮아, 다시 해보자"라는 응원이다.

이겨내는 힘은 부모가 대신 길러줄 수 없다. 부모가 아이를 지켜본다는 것은 아이의 길을 대신 걸어주는 것이 아니라, 넘어지고 일어서는 과정을 곁에서 함께 바라봐 주는 일이다. 때로는 기다려야 하고, 때로는 애써 손을 거두어야 한다. 그 과정이 불안하고 조급할지라도 그 불편함을 견뎌내야 아이 안에는 회복력이 자라게 된다. 그리고 그 힘은 언젠가 부모의 품을 떠난 이후에도 아이의 삶을 지탱하는 가장 큰 자산이 될 것이다.

아이의 태도를 바꾸는
말 한마디의 힘

한번은 처음 레슨을 시작하는 아이가 이렇게 말했다. "저 그냥 조금만 연습하고, 핸드폰하다가 집에 가면 안 돼요?" 아이의 첫마디는 단순한 투정 같기도 했지만, 말투엔 무력감과 반항이 섞여 있었다. 첫 수업을 앞둔 아이의 입에서 나온 말치고는 다소 충격적이었지만, 나는 예상 밖의 대답을 꺼냈고, 그 한마디가 아이의 이후의 태도를 바꿨다.

나는 그 아이에게 "좋아!"라고 대답한 것이다. 아이는 그동안 들어온 말들과는 너무 다른 반응이었는지 순간 당황스러워하는 표정이었다. 나는 그 아이에게 다시 이렇게 물었다. "그런데 선생님이 궁금한 게 하나 있어. 왜 피아노가 싫어졌을까?" 잠시 망설이던 아이는 "제가 싫은 곡들을 계속 연습해야 했어요"라고 대답했다.

나는 겉으로는 "좋아"라고 말했지만, 속으로는 아이가 어떤 경험에서 힘들었는지, 무엇이 아이를 지치게 했는지 함께 찾아보고 싶었다. 그래서 아이가 싫어했던 곡들이 무엇인지 차근차근 들어주었고, 그 마음을 온전히 받아들였다. 그리고 아이가 좋아할 만한 곡들을 연주해보며 반응을 살폈다. 그러다 한 곡에서 아이의 눈빛이 반짝이는 것을 보았다. 그래서 "이 곡 악보 줄까? 연습해 볼래?"라고 물었다. 그러자 아이는 조금도 망설임 없이 "네!"라고 대답했다.

당시 5학년이었던 아이는 고등학생이 되었다. 그리고 일주일에 한 번은 꼭 피아노와 시간을 보내야 하는 음악을 사랑하는 아이로 성장했다. 만약 내가 그날 아이의 첫 마디에 "그래도 열심히 해야지. 엄마랑 의논해볼게"라고 말했다면 어떠했을까? 이 아이는 지금과는 전혀 달랐을지도 모른다. 아이의 마음을 꺼내는 데 필요한 건 거창한 기술이 아니었다. 단지 아이의 감정에 귀 기울인 예상 밖의 한마디였다.

이와 같은 대화의 힘을 아동심리학자 하임 기너트는 이렇게 설명했다. "아이들은 부모의 말을 스스로에 대한 설명으로 받아들인다. '넌 왜 그래'라는 말은 곧 '나는 그런 아이다'로 각인된

다. 그렇기에 우리는 습관적인 반응을 멈추고, 아이의 태도 너머
에 있는 감정의 맥락을 보아야 한다. 예상되는 반응이 아닌 아이
의 마음을 멈추게 하는 말이 진짜 대화의 시작이다."

그가 말한 것처럼 아이는 어른의 말에서 자신을 해석하는 법
을 배운다. 그리고 그 해석은 한 사람의 정체성과 태도를 바꾼
다. 스탠퍼드대 수학교육과 조 볼러 교수는 "실패를 배움의 기
회로 받아들이는 사고방식이 부모의 언어에서 시작된다"라고
말했다. 부모나 교사가 실수를 비난하기보다 "이건 배울 기회
야"라고 말해줄 때, 아이들은 두려움을 내려놓고 도전할 수 있
게 된다. 하기 싫었던 마음은 '선생님이 어떤 방법을 만들어줄
까?'라는 기대감으로 바뀌고, '다음엔 어떻게 하면 안 틀릴까?'
라는 자기 성찰로 이어진다. 그리고 이러한 변화는 아이의 내면
에 신뢰가 자라나게 한다.

예상 밖의 말 한마디는 특별한 기술이 아니라 마음을 담은 방
식의 전환에서 시작된다. 나는 아이들과 대화할 때, 말의 힘이
아이의 마음을 바꾸는 순간을 자주 경험한다. 어떤 상황에서도
뻔한 말보다 다른 관점과 감정을 전하는 한마디가 아이를 멈추
게 하고, 생각을 하도록 만드는 것을 수없이 보았다.

한번은 딸아이와 나란히 누워 이런저런 이야기를 나누던 저
녁이었다. 딸아이가 "엄마, 나 요즘 친구들이 쓰는 안 예쁜 말을

자꾸 듣다 보니까 나도 그 말을 써보고 싶을 때가 있어요. 입 밖으로 나올 것 같고, 이상하게 그런 생각이 자꾸 나요"라고 말했다. 나는 그 순간 "그런 말 쓰면 안 되지!"라고 말하지 않았다. 대신 이렇게 말했다. "엄마도 그럴 때 있었어. 사람은 원래 나쁜 말, 자극적인 말을 먼저 기억하게 돼. 너도 그 순간이 온 것 같네. 그럼 이렇게 해보는 건 어때? 방에 들어가서 이불을 덮고 네가 쓰고 싶었던 말들을 마음껏 해봐. 그러고 나서 어떤 기분이 드는지 엄마하고 이야기해보자. 엄마는 네가 그런 말을 하는 걸 들으면 마음이 아플 것 같아서 안방에 있을게."

아이는 방으로 들어갔고, 잠시 후 문을 열고 나에게 달려와 말했다. "엄마, 저 그런 말 이제 안 쓸래요." 내가 왜 그러냐고 묻자, 아이는 이렇게 말했다. "그 말을 하니까 제일 먼저 내 귀에 들렸고 기분이 너무 안 좋았어요. 그래서 그런 말 쓰고 싶지 않아요."

아이에게 옳고 그름을 가르치는 대신 아이가 스스로 느껴보도록 한 시간이었다. 하고 싶은 마음도 인정받고, 그 결과도 스스로 확인했기에 아이는 자기 선택에 책임감을 가질 수 있었다. 때로는 말보다 해볼 기회가 아이를 성장하게 한다. 이야기를 직접 해보게 하고, 그 속에서 아이가 자신의 감정과 언어를 스스로 돌아보게 했던 기회가 어떤 충고보다 더 큰 변화를 가져왔다. 말은 단순히 정보를 전달하는 수단이 아니라 아이의 자아를 비추는 거울이다. 우리가 아이에게 건네는 한 문장은 그 아이가 자신을 어떻게 바라볼지를 결정짓는 '자기 정의'가 되기도 한다. 그래서 우리는 정답보다 따뜻한 관점을, 훈육보다 공감 어린 통찰을 먼저 건네야 한다.

심리치료사이자 《미러》의 작가인 루이스 헤이의 경험을 통해 우리는 따뜻한 말 한마디의 힘을 확인할 수 있다. 그녀는 어린 시절 반복되는 학대 속에서 자라며 '내가 문제야, 내가 잘못된 아이라서 그렇지'라고 믿으며 살아갔다. 그러던 어느 날 실수한 뒤 처음으로 누군가가 이렇게 말해주었다. "네가 틀린 게 아니야. 틀렸던 건 그 상황이었어." 그 한마디에 그녀는 멈췄고, 처음으로 '내가 나쁜 아이라서 그런 게 아니었구나'라고 다르게 생각하게 되었다. 그 순간부터 그녀는 자신을 문제 있는 사람이 아닌 이해받을 수 있는 존재로 다시 보기 시작했다.

우리는 종종 말의 힘을 과소평가한다. 하지만 따뜻한 한 마디의 말이 한 사람의 오랜 상처를 보듬고, 왜곡된 자기 인식을 바꿔놓을 수 있다. 루이스 헤이의 경험은 그 사실을 극적으로 보여준다. 그녀는 그 말을 들은 날 이후 자신을 돌보는 태도는 물론 타인을 바라보는 시선까지 달라졌다고 고백했다. 의외였던 따뜻한 말 한마디가 평생을 따라다니던 자기 해석을 바꿔놓은 순간이었다.

그래서 우리는 익숙한 말이 아니라 아이를 멈추게 하고 생각하게 하는 말이 무엇인지 생각해볼 필요가 있다. 그것이 태도를 바꾸고, 삶을 바꾸는 첫 문장이 된다.

배려하는 마음을 배우는 아이는
자신을 지키는 법을 저절로 배우게 된다

부모는 아이가 상처받지 않기를 누구보다 바란다. 그래서 아이가 속상해할 때면 먼저 이렇게 말한다. "친구 말은 신경 쓰지 마." "너도 지지 말고 한마디 해." "그런 친구랑은 그냥 놀지 마."

하지만 정말 아이를 지키고 싶다면, 그보다 먼저 가르쳐야 할 것이 있다. 바로 남에게 상처를 주지 않는 태도다.

다음의 경우를 생각해보자. 3학년 상준이는 같은 반 친구에게 "너는 왜 항상 끼려고만 해?"라고 말했다. 그 말을 들은 친구는 민망했는지 그날 이후부터 상준이를 모른 척하기 시작했다. 그러자 상준이는 오히려 서운한 마음이 들었다. '난 그냥 장난이었는데 그게 그렇게 기분 나쁠 일이야?'

여기서 문제는 무엇일까? 상준이가 누군가의 마음을 아프게 했다는 사실을 전혀 인식하지 못하고 있다는 점이다. 우리는 흔히 아이가 상처를 받으면 어떻게 해야 할지를 먼저 고민한다. 아이가 울고 속상해하면, 그 마음을 위로해주는 것이 먼저라고 생각한다. 하지만 그보다 앞서 생각해봐야 할 점이 있다. '우리 아이가 지금 누군가를 아프게 하고 있지는 않은가?'

많은 부모가 내 아이가 얼마나 아팠는지를 먼저 들여다보지만, 그 아이가 다른 아이를 얼마나 아프게 했는지는 쉽게 놓치곤 한다. 그렇게 놓친 순간들 속에서 관계의 금은 조용히 반복된다. 아이의 마음을 지키고 싶다면, 먼저 아이의 말과 행동이 다른 아이의 마음에 어떤 흔적을 남기고 있는지를 함께 들여다보아야 한다. 상처를 받는 아이를 지키는 가장 빠른 길은 내 아이가 누군가를 아프게 하지 않도록 가르치는 일이다.

여기서 누군가는 이렇게 반문할 수도 있다. "상처 주지 않으려 애쓰는 게 오히려 아이를 더 약하게 만드는 건 아닌가요?" 하지만 오히려 그 반대다. 상처를 주는 말은 결국 그 아이의 관계를 망가뜨리고, 그 결과는 고스란히 다시 아이에게 돌아간다. 무심하게 말하는 것에 익숙해진 아이는 언젠가 상처받는 상황에서 더 크게 무너질 수 있고, 아무도 그 마음을 알아주지 않을 때 스스로도 자신을 이해하지 못하게 된다. 그래서 상처를 주지 않는 태도를 가르치는 일은 단지 착한 아이를 만드는 일이 아니라 자신의 감정을 알고, 다른 사람의 감정을 살피며, 건강한 관계를 맺을 줄 아는 사람으로 자라게 하는 가장 현실적이고 구체적인 교육이다.

아이의 뇌는 말의 흔적을 오래 기억한다. 하버드대 아동발달 센터의 연구에 따르면, 아이들은 말을 들을 때 단순히 언어를 받아들이는 것을 넘어 그 말에 담긴 감정과 평가를 자기 정체성에 새긴다고 한다. 특히 "넌 왜 그래, 너랑 안 놀 거야"와 같은 관계 단절의 말은 자기 이미지 형성과 타인에 대한 신뢰를 약화시키는 결과로 이어진다. 아이에게는 장난처럼 툭 던진 말 한마디가 '나는 원래 그런 존재인가?'라는 생각으로 남을 수 있다. 그래서 아이가 평소에 상처를 주지 않으려는 태도를 익히는 것은 단순한 매너의 문제가 아니다. 그 태도는 타인을 존중하는 연습인 동시에 스스로의 말과 감정을 자각하고 조절하는 훈련이기도 하다. 이런 연습을 통해 아이는 타인의 마음을 다치게 하지 않는 법뿐만 아니라 타인의 말에 마음이 아플 때도 쉽게 무너지지 않는 힘을 기르게 된다.

말하기 교육 전문가 강승임 작가는《나도 상처받지 않고 친구도 상처받지 않는 말하기 연습》에서 "아이들이 겪는 갈등의 핵심은 상처를 받는 일보다 상처를 주고 있다는 걸 모르는 데에 있다”고 지적했다. 책에서는 아이들이 실제로 겪는 다양한 갈등 장면을 다룬다. 예를 들어, 사과하고 싶지만 용기를 내지 못하는 경우, 화가 나서 짜증으로 감정을 표현하는 경우, 속상한 친구에게 위로 대신 지적을 하는 경우 등이다. 이런 사례들을 통해 작가는 “정을 표현하고, 상대를 이해하려는 태도야말로 진짜 문제 해결의 시작”이라고 강조했다.

결국 마음을 다치지 않게 하려는 연습은 감정이 흔들릴 때도 자신을 지키는 힘으로 이어진다. 이 힘이야말로 관계 속에서 아이를 보호해주는 진정한 내면의 방패다.

상처를 주지 않으려는 태도는 상대를 위한 마음에서 시작되지만, 결국 자신을 보호하는 길로 이어진다. 이 마음을 익힌 아이는 누군가에게 다정하게 말하는 연습 속에서 자신이 상처받았을 때에도 감정을 말로 풀고 관계를 회복하는 방법을 익힌다. 그래서 이 태도는 단순한 예절 교육이 아니라 아이가 스스로를 회복하는 힘을 키우는 첫걸음이 된다.

그 차이는 실제 아이들의 모습 속에서도 분명하게 드러난다.

첫 번째 아이는 평소 말이 거칠었다. 장난처럼 “너 그걸 왜 해?” “너 못할 걸?”과 같은 말을 자주 내뱉었고, 친구가 얼굴을 찌푸려도 “뭐 어때. 장난인데” 하며 넘기기 일쑤였다. 자신의 말이 상대에게 아픔이 될 수도 있다는 생각을 하지 못했다. 그런 말들은 아이에게 어느새 말버릇이 되었고, 특별한 의도가 없어도 친구들을 멀어지게 만들었다. 그러던 어느 날, 친구에게 상처를 받는 일이 생겼다. 친구가 "넌 같이 있으면 불편해!"라고 말한 것이다. 그 말을 들은 순간, 아이는 아무 대꾸도 하지 못했다. 그 말을 어떻게 받아쳐야 하는지도 잘 몰랐다. 그래서 그냥 혼자서 기분 나쁜 마음만 오래 붙잡고 있었다.

두 번째 아이는 말할 때 상대의 기분을 생각하는 아이였다. 이 아이도 친구에게 상처받는 말을 들었다. "넌 너무 조용해서 재미없어." 하지만 아이는 움츠러들지 않았다. 조용하게 그러나 단호하게 말했다. "그 말은 좀 속상했어. 다음엔 그렇게 말하지 않았으면 좋겠어." 그 말에 친구는 당황했지만 곧 "미안하다"고 사과했다. 그 일을 계기로 두 아이의 관계는 오히려 더 단단해졌다.

위 이야기 속에 두 아이는 모두 상처를 받았다. 하지만 그 상황을 풀어내는 힘은 전혀 다르다. 한 아이는 상처를 주는 데 익숙해져 있었고, 막상 자신이 상처받았을 땐 그 감정을 말할 용기도, 관계를 회복할 힘도 없었다. 다른 한 아이는 상처를 주지 않으려 애쓰는 태도 속에서 자신의 감정을 말할 수 있는 용기와 상대를 존중하면서도 자신을 지키는 방식을 터득해가고 있었다. 왜냐하면 상처를 주지 않으려는 아이는 자신의 감정과 타인의 감정을 인식할 줄 알기에 결국 상처를 받았을 때도 자신을 지킬 수 있는 힘을 갖기 때문이다. 상처를 주지 않으려는 태도는 결국 감정적으로 흔들릴 때 무너지지 않고 회복할 수 있는 힘이 된다.

이 태도는 단순한 착함이 아니라 스스로를 지키는 '회복력'이고, 관계를 맺고 지키는 '존중의 기술'이다. 다른 사람을 슬프게 하지 않는 아이를 바란다면, 먼저 그 마음을 가르쳐야 한다. 그 마음이 결국 아이를 가장 깊고 단단하게 보호해 줄 것이다. 아이에게 필요한 것은 상처받지 않는 강함이 아니라 상처를 주지 않으려고 노력하는 세심함이다.

디즈니의 CEO 밥 아이거는 어린 시절 친구와 다툰 뒤 아버지에게 이런 말을 들었다고 한다. "말은 칼보다 날카로워. 말은 사라지지 않고 남는단다." 그는 이 말을 평생 기억하며 직원들과의 소통에서도 언제나 존중이 기본이라는 철학을 고수했다. 그가 성공적인 리더이자 동시에 말의 무게를 아는 사람이 될 수 있었던 것은 바로 부모의 교육에서 비롯된 것임을 알 수 있다.

상처 주지 않는 아이를 바란다면, 부모인 우리부터 말과 태도에서 감정을 존중하는 어른이 되어야 한다. 아이의 말투는 부모의 말투에서 비롯되고, 아이의 태도는 부모의 삶을 반영한다.

제5장

부모의 자존감이
아이의 미래를
밝힌다

부모는 아이를 돌보기 전에
자신을 먼저 돌보아야 한다

하루를 정신없이 보내고 저녁에 좀 쉬려고 할 때 아이가 다가와 "이거 같이 해요!"라고 하면 반가움보다 육아의 피곤함이 밀려오며 쉬고 싶다는 생각이 먼저 드는 경험을 부모라면 누구나 해보았을 것이다. 우리는 왜 아이와 보내는 시간이 때로 버겁게 느껴지는 것일까?

낮 동안 수없이 타인의 기대에 맞추면서 말을 아끼고, 웃음을 유지하고, 감정노동에 애쓰느라 모든 에너지가 소진된 채 돌아오면 집에서 또 하나의 역할이 기다리고 있다. 아이에게 다정하고 이해심 많은 부모이고 싶지만, 몸은 쉬고 싶고, 마음은 지쳐 있는 상태다. 육아가 고단하게 느껴지는 것은 아이를 사랑하지 않아서가 아니라 몸과 마음의 에너지가 이미 소진되었기 때문이다.

아이와 보내는 시간은 의미 있고 창의적이어야 한다는 강박이 우리를 더욱 조급하게 만든다. 어디선가 본 화려한 놀이 아이디어와 완벽한 부모의 모습이 끊임없이 비교의 잣대가 되어 아이와 나란히 앉아 쉬는 순간에도 마음이 편치 않을 때가 있다. 사실 아이에게는 함께 있는 시간 자체가 선물임에도 뭔가를 해내야 한다는 자신에 대한 기대가 스스로를 지치게 한다.

부모들도 혼자만의 휴식이 절실할 때가 있다. 하지만 아이가 원하는 걸 놓치면 안 될 것 같아서 그 순간에도 아이를 챙기고 돌보는 일을 멈추지 못한다. 그렇게 내 마음을 돌보지 못한 채 계속 달리다 보면, 결국 자신도 돌보지 못하고 아이와도 거리가 생기게 된다. 그래서 혼자만의 공간에서 자신이 좋아하는 일을 하며 자신을 돌보는 시간이 필요하다. 잠시 멈추는 것은 아이와의 연결을 놓는 것이 아니라 아이와의 연결을 오래 지속하기 위한 준비다. 아이를 기르는 것은 단거리 경주가 아니기에 부모가 먼저 몸과 마음을 단단히 해야 한다.

밤이 늦었는데도 책을 더 읽어 달라는 아이가 많다. 그러면 부모는 이미 여러 권을 읽어줬지만, "이게 진짜 마지막이야!"를 외치며 다시 책을 든다. 거절하면 울음이 이어질 것 같아서 결국 또 페이지를 넘기지만, 그럴수록 아이는 '떼를 쓰면 되네'라는 것을 배우고, 부모는 피로가 쌓이게 된다.

반대의 경우도 있다. 바쁘다는 이유로, 피곤하다는 이유로 아이가 다가올 때마다 "나중에 읽어 줄게. 혼자서 읽어봐!"라고 말하는 부모들이 있다. 그러한 거절이 무심히 반복되다 보면 어느새 아이는 조용해진다. 식탁에 혼자 앉아 그림을 그리고, 거실 한쪽에서 유튜브 영상에 몰입한 채 부모를 부르지 않는다. 이럴 때 아이는 혼자 노는 법을 배운다기보다 기대했던 응답이 반복해서 돌아오지 않았던 경험을 쌓고 있는 것일지도 모른다. 처음엔 기대하며 건넸던 부탁들이 무심한 거절 앞에서 점점 사라져 가는 것이다.

부모는 아이의 조용함을 단지 성장의 일부라고 오해할 수 있다. 하지만 심리학에서는 반복된 무응답이나 거절이 아이를 정서적으로 위축시키고, 감정 표현을 줄이게 만들 수 있다고 말한다. 아이는 자신의 마음을 꺼내도 달라지는 것이 없다는 경험을 반복하며 점점 말을 아끼게 되고, 어느 순간부터는 감정을 드러내는 것 자체를 조심스러워한다. 이것이 겉으로는 순하고 조용해 보일 수 있지만, 그 조용함은 때로 관계에 대한 기대가 낮아진 신호일 수도 있다. 이는 정서적 위축과 단념에 가까운 반응으로, 아이가 상처받지 않기 위해 선택한 방식일 수 있다.

사실 아이의 요구를 모두 들어주지 못해도 괜찮다. 중요한 점은 거절하는 태도와 의도다. "엄마 지금은 너무 피곤해서 15분만 쉬고 같이 이야기하자." 이 한마디가 아이에게는 '우리 관계는 여전히 연결되어 있다'는 메시지가 된다. 반대로 "나중에 읽어 줄게. 혼자서 읽어봐!"와 같은 무심함은 기다려봐도 소용없다는 실망을 남기게 된다.

혹시 아이가 너무 조용해졌다면, 먼저 다가가서 "요즘은 혼자 있는 시간이 많네, 엄마(아빠)랑 하고 싶은 게 있을까?"라고 물어보자. 지금 다 들어줄 수 없어도 다시 듣고 싶다는 신호만으로도 아이의 닫혀 있던 마음은 조금씩 풀린다.

하루가 끝난 뒤, 단 몇 분이라도 아무것도 하지 않고 숨을 고르는 시간은 사치가 아니다. 우리 안에 에너지가 남아 있어야 아이와 함께 시간을 보낼 수 있다. 아이의 실망은 잠시 머물다 지나간다. 하지만 우리가 너무 지쳐 아이의 마음에 응답하지 못할 때, 그 단절은 오래 지속된다.

만약 아이가 오늘 밤 책 한 권을 더 읽어 달라고 하면 "지금은 눈이 너무 감겨서 내일 아침 첫 페이지부터 재미있게 읽어 주고 싶어"라고 말해보자. 그 말은 아이를 밀어내는 거절이 아니라 내일도 함께하겠다는 약속이 될 것이다.

아이의 언어는
부모를 비추는 거울이다

한번은 2학년 남자아이가 등록 상담을 신청했다. 그 아이는 문을 열고 들어오며 환하게 웃고 있었다. 학부모님과 상담을 나누는 동안 아이는 부원장 선생님과 간단한 수업을 진행했다. 상담이 끝난 뒤, 나는 대기 순서가 되는 대로 연락드리겠다고 안내를 했다. 그러자 아이는 살짝 아쉬운 표정을 짓더니 밝게 웃으며 말했다. "선생님, 제가 잘 기다릴게요. 자리가 나면 꼭 알려 주세요. 참, 오늘 너무 좋았어요. 감사해요." 밝게 웃으며 말하는 그 아이의 표현에 주위 사람들의 마음이 다 환해지는 느낌이었다.

상담 내내 부모가 건넨 말들을 생각해보면 아이의 말투가 어디서 비롯되었는지 자연스럽게 짐작할 수 있었다. 아이의 부모는 상담하는 동안 계속 "와, 이런 방식으로 가르쳐 주시는 거예요? 선생님을 만난 건 우리 아이에게 행운이네요"와 같이 따뜻한 말을 건네며 상대의 마음을 편안하게 해주었다.

부모는 아이가 행복한 삶을 살기를 바란다. 그런데 그 시작은 아이가 매일 집에서 마주치는 부모의 어조와 표정에서 비롯된다. "힘들진 않았어?" "오늘 너무 행복했어" "이거 해줘서 정말 고마워"와 같은 말을 자연스럽게 주고받는 집에서 자란 아이는 그런 말투를 자연스럽게 습득해 그것이 몸에 배게 된다. 반면, "그게 뭐가 힘들어!" "그냥 빨리 좀 해!"와 같은 말을 습관처럼 듣고 자란 아이는 말하기를 따로 배운다 해도 따뜻한 말이 쉽게 입에 익지 않는다. 부모의 언어와 말투는 아이 안에 배어들면서 그 아이가 세상을 대하는 방식이 된다.

SNS에서 본 인상적인 릴스가 있다. 평소 표현이 서툴렀던 아버지가 집에 돌아오는 아들을 현관 앞에서 반갑게 맞이하는 모습을 며칠 동안 담은 기록이었다. 짧은 장면이었지만, 그 안에 담긴 메시지는 많은 것을 생각하게 했다. 무뚝뚝하던 아빠가 아들과의 관계를 회복하겠다고 마음먹고 늦은 밤 학원에서 돌아오는 아들을 두 팔 벌려 맞이한 10일 동안의 기록이었다.

첫날, 아들은 당황한 얼굴로 얼른 신발을 벗고 안으로 들어갔다. 이튿날에는 살짝 시선을 마주쳤고, 사흘째 되는 날엔 어색하게나마 아빠 품에 기대었다. 닷새째에는 등을 톡톡 두드리며 짧은 포옹을 나눴고, 여드레쯤부터는 현관문을 열고 들어와 기대하는 얼굴로 웃기 시작했다. 그리고 열흘째, 문이 열리자마자 아들이 먼저 두 팔을 활짝 벌렸다.

그 영상에 다음과 같은 수많은 댓글이 달렸다. "오늘부터 저도 해봐야겠어요." "보는 내내 반성하게 되네요."

그 짧은 영상은 왜 그토록 많은 사람의 마음을 움직였을까?

그 영상을 통해 누군가는 행복을 느끼고, 누군가는 반성을 하고, 또 누군가는 용기를 얻었을 것이다. 이 모든 변화의 시작은 아들이 아니었다. 아빠는 아이를 바꾸겠다고 다그친 것이 아니라 자신이 먼저 말투와 태도를 바꾸기로 결심했다. 그 따뜻한 결심이 아이의 마음을 열었고, 그 장면은 화면 너머의 수많은 사람의 마음까지 함께 열었다. 우리가 말투를 바꾼다는 것은 결국 마음을 전하는 방식을 바꾸는 일이다.

말투는 사람 사이의 관계의 방향을 정하는 언어다. 심리학에서는 타인의 감정이 자연스럽게 서로에게 영향을 미치는 현상을 '감정 전염'이라고 설명한다. 다정한 언어와 따뜻한 표정은 상대의 긴장을 낮추고, 감정은 빠르게 서로에게 전달된다. 한 가족 관계 연구에서도 긍정적인 표현에 의식적으로 반응하는 연습을 지속했을 때 관계 만족도가 향상되었다는 결과를 보여주었다. 결국 우리가 건네는 말 한마디는 단순한 표현이 아니라 관계를 만들어가는 작은 선택이다.

아이의 이러한 언어 경험은 아이의 두뇌에 정체성의 일부로 각인되며, 같은 방식으로 타인을 대하게 된다. 아이는 예쁘게 말하라고 배워서 예쁘게 말하는 것이 아니라 그 예쁜 말이 자연스러웠던 집에서 자라며 그런 말투가 저절로 배어 나오는 것이다. 부모가 밝게 인사할 때마다 아이는 말이 사람을 따뜻하게 만들 수 있다는 걸 배우고, 부모가 거칠어지려는 마음을 다독일 때마다 아이는 감정은 조절할 수 있다는 가능성을 배운다. 이처럼 부모의 말투는 아이에게 언어를 가르치는 수업이자 사랑과 존중을 전달하는 가장 일상적인 방식이 된다. 아이의 말은 부모의 말을 닮고, 아이의 태도는 부모의 마음을 닮는다. 그 닮음은 아이가 세상을 어떤 마음으로 살아가게 될지를 결정한다.

〈이혼숙려캠프〉 프로그램에서도 말투가 관계를 얼마나 바꿀 수 있는지를 보여주는 장면이 있었다. 한 남편 출연자는 어린 시절 부모의 잦은 다툼을 보며 마음속으로 '나는 절대 저렇게 살지 않겠다'라고 다짐했다고 한다. 그러나 결혼생활이 길어질수록 그는 자신의 아버지처럼 거칠고 날 선 말투로 배우자를 상처 내고 있었다. 그는 그 사실이 너무 괴로웠고, 변화하기 위해 이 프로그램에 참여하게 되었다고 말했다. 상담사는 부부의 지난날을 충분히 듣고 난 뒤 "서툴러도 좋으니 오늘만큼은 서로에게 좋은 말들을 건네 보세요"라고 권했다.

남편은 잠시 망설이다 입을 열었다. "자기, 힘들었지? 말은 못 했지만 늘 고마워하고 있어. 말투가 자꾸 날카로워져서 나도 싫었어. 미안해." 잠시 후 아내도 눈을 맞추며 답했다. "여보, 내가 짜증 많이 냈지? 오늘도 피곤했을 텐데 수고했어. 고마워."

이렇게 몇 마디를 건넨 뒤, 두 사람의 눈빛은 화면 너머로도 느껴질 만큼 부드러워졌다. 별거 아닌 것처럼 보였던 짧은 연습이 마음을 누그러뜨리고 표정을 바꿔놓은 것이다. 그동안 두 사람을 짓누르던 감정의 무게가 어색한 한 줄의 말에서부터 조금씩 녹아내리기 시작했다. 이처럼 우리의 삶을 바꾸는 건 거창한 말이 아니라 매일의 작은 말투다.

말투는 아이뿐 아니라 가족 모두를 변화시킨다. 부부 관계도, 부모와 자녀의 사이도, 심지어 오랜 시간 굳어 있던 가족의 분위기까지도 바꿀 수 있다. 다정한 말 한마디는 지친 하루의 고단함을 녹이고, 서툰 사과 한 문장은 닫힌 마음을 다시 열기도 한다.

가족의 행복은 멀리 있지 않다. 오늘 건네는 따뜻한 한마디에서 시작될 수 있다.

해야 할 말 VS
해서는 안 될 말

아이가 가방을 벗지도 않은 채 주방 의자에 푹 주저앉았다. 엄마는 아이의 표정이 평소와 다른 걸 느끼고는 말을 걸었다. "왜? 무슨 일 있어?"

아이는 고개를 저으며 "아니야"라고 대답했지만, 금세 눈가가 붉어졌다. 엄마는 답답한 마음에 다시 물었다. "친구랑 싸운 거야? 대체 무슨 일이야?"

아이가 입을 꾹 다문 채 울먹이자 엄마는 참았던 말을 쏟아냈다. "너 바보야? 그렇게 말도 못 하고 가만히 있으면 앞으로도 계속 바보 취급당하는 거야!"

엄마의 말을 들은 아이는 말없이 방으로 들어가 버렸다. 그날 밤에 아이의 마음을 가장 아프게 한 건 친구와의 갈등이 아니었다. 가장 기대고 싶었던 엄마에게서 들은 "바보"라는 한마디였다.

아이가 울먹일 때 만약 엄마가 "무슨 일이 있었는지 말해 줄 수 있을까?"라고 다정하게 물어봤다면 어땠을까? 하지만 엄마가 감정을 참지 못해 뱉은 그 말은 문제를 해결하기는커녕 아이의 자존감을 꺾고 마음의 문을 닫게 만들었다.

또 다음과 같은 사례도 있다.

어느 날 밤, 엄마와 아빠는 거실에서 언성을 높이고 있었다. 점점 말이 날카로워지자 아이가 조심스럽게 말했다. "엄마, 아빠 싸우지 마."

그 순간 아빠가 소리치며 말했다. "너 들어가! 지금 엄마 아빠 얘기하는 거 안 보여? 네가 지금 낄 상황이야? 아이씨!"

아이는 아무 말도 하지 못하고 조용히 방으로 들어갔다. 그날 이후, 엄마와 아빠가 다투기 시작하면 아이는 조용히 자신의 방으로 들어갔다. 무슨 말을 해도 더 혼날까 봐, 더 상처받을까 봐 그저 숨는 법을 배웠다. 아이는 부모의 다툼 사이에서 점점 혼자가 되어갔다. 아빠의 말은 상황을 해결하기보다 자신의 감정을 참지 못해 내뱉은 폭언이었다.

아이가 "싸우지 마"라고 말한 순간, 아빠가 이렇게 말했다면 어땠을까? "엄마 아빠가 의견이 맞지 않아서 그랬어. 걱정하게 해서 미안해." 하지만 그 아빠는 소리를 질렀고, 아이는 침묵을 배웠다. 부모의 말이 아이를 보호하는 울타리가 되기는커녕 마음을 가로막는 벽이 되고 만 것이다.

이처럼 말에는 해도 되는 말과 해서는 안 되는 말이 있다. 해도 되는 말은 상대의 입장을 생각하게 만들고, 문제를 함께 바라보게 한다. 반면, 해서는 안 되는 말은 감정의 방향이 상대를 향하게 만든다. 상대를 이해하려는 마음보다 먼저 나의 불편한 감정이 나오면 결국 아이는 그 감정의 대상이 되어버린다.

우리는 종종 내가 부모니까, 가족이니까라는 이유로 해도 되는 말과 해서는 안 되는 말의 경계를 잊는다. 하지만 감정을 조절하지 못한 채 쏟아낸 말은 아이에게 공격으로 다가온다. 말은 가르치기 위한 도구이기 이전에 관계를 지키기 위한 배려의 도구가 되어야 한다.

우리는 밖에서는 참고 눌러왔던 말들을 집에서는 너무 쉽게 쏟아낸다. 회사에서는 꾹 눌렀던 짜증, 사회에서는 삼켰던 모욕감도 집에서는 쉽게 터뜨린다. '가족이니까 나를 이해해줘야지', '이 정도는 받아줄 거야'라는 무의식적인 기대가 말의 선을 흐리게 만들고, 결국 수위를 넘게 한다.

사람들이 아이에게, 배우자에게 흔히 하는 말이 있다. "내가 오늘 얼마나 힘들었는지 알아?", "너까지 이러면 내가 얼마나 힘들겠어." 말하는 사람은 가족을 사랑해서 하는 말이라고 믿지만, 사실은 가장 가까운 사람에게 상처를 주는 방식으로 말하고 있는 것이다.

이렇게 흘러나온 말들은 밖에서 꾹꾹 눌렀던 감정을 가장 만만한 사람에게 쏟아내는 것이다. 그렇다면 그런 말들을 밖에서는 참는 이유가 무엇일까? 관계가 끊어질까 봐, 손해를 볼까 봐, 나를 나쁘게 볼까 봐 참는 것이다. 그런데 가족에게는 그렇게 해도 이해해줄 거라는 기대 때문에 거리낌없이 행동한다.

그러나 가족이기 때문에 더 배려할 필요가 있다. 아이는 부모의 단 한마디로 오랫동안 마음을 닫을 수도 있고, 부모의 싸움한 장면으로 혼자가 되는 법을 배울 수도 있다. 아이의 마음속엔 그러한 말들이 오래 머무르게 된다. 그것은 흔적을 남기고, 어떤 말은 뿌리처럼 박히기도 한다.

그럼, 감정의 무게를 덜어내면서도 관계를 지키는 말은 무엇일까? 물론 하고 싶었던 말을 무조건 참으라는 것이 아니다. 중요한 점은 말을 멈추는 것이 아니라 말의 방향을 바꾸는 것이다. 아무리 가족이라 해도 '해도 되는 말'과 '하면 안 되는 말'을 구분해야 한다.

"너 바보야?" 대신 "엄마에게 말해주면 좋겠어"라고 말해보자.

"그렇게 말도 못 하고 있으면 어떻게 해!" 대신 "그 상황에서 정말 힘들었겠다"라고 말해보자.

"네가 지금 낄 상황이야?" 대신 "엄마, 아빠가 우리 ○○ 불안하게 만들었지 미안해"라고 말해보자.

걱정되고, 속상하고, 답답하더라도 그러한 감정을 상대에게 그대로 던지는 것과 조심스럽게 건네는 것은 상대에게 전혀 다르게 전해진다.

말의 특성 중 하나는 한 번 지나가면 끝나는 것이 아니라는 점이다. 우리가 어릴 때 들었던 거친 말들을 '나도 그렇게 컸어'라고 넘기는 순간, 그 상처는 고스란히 아이에게 전해진다. 내가 겪고 싶지 않은 경험은 부모인 나부터 멈추어야 한다. 내가 받았던 말로 인한 상처를 아이에게 옮기지 않겠다는 자각만으로도 우리의 말은 달라지게 된다.

말에는 힘이 있다. 단어 하나, 어조 하나에 따라 상처가 되기도 하고, 치유가 되기도 한다. 아이는 혼났던 이유보다 그때 들었던 말의 느낌을 기억한다. 그날의 눈빛, 목소리, 말투 등 그 느낌을 오래 기억하게 된다.

조심해야 할 것은 말뿐만이 아니다. 아이에게 전해지는 것은 때로 말보다 더 깊은 잘못된 믿음과 사고방식일 수 있다. 그 믿음은 시대와 문화를 타고 내려오며 마치 진리처럼 굳어져 있다.

"그깟 말 한마디에 왜 그리 유난이야."

"세상이 얼마나 험한데, 이런 것도 못 견뎌!"

"이 정도는 견뎌야지. 안 그러면 이 세상 못 살아."

이러한 생각은 오랫동안 주입되고 굳어진 사고방식의 결과다. 겉으로는 아이를 위하는 듯하지만, 그 안에는 아이를 이해하려는 노력보다 세상의 논리에 맞추려는 부모의 조급함과 불안이 깔려 있다. 부모가 그 믿음을 의심하지 않는다면, 아이 역시 그런 말에 길들여져 스스로를 다그치고 마음을 닫는다. 그 말에 반복적으로 노출된 아이는 자신의 감정을 숨기고, 결과적으로 자기 자신을 탓하게 된다. 이런 말과 생각은 그렇게 세대를 거듭하며 상처를 대물림한다.

말은 아이의 뇌와 정서 발달에 지울 수 없는 흔적을 남긴다. 아동발달 연구에서는 반복적인 고함이나 몰아붙이는 언어가 아이의 감정 조절 능력과 스트레스 반응에 부정적인 영향을 줄 수 있다고 설명한다. 또한 지속적인 언어적 위협은 아이에게 깊은 정서적 위축과 자기 효능감 저하를 남길 수 있다고 지적했다.

고압적인 말과 위협적인 말에 반복적으로 노출된 아이는 자신의 말이나 행동이 언제 부모의 화를 불러올지 몰라 늘 눈치를 보게 되고, 작은 실수에도 '내가 또 잘못했나?', '내가 문제인 걸까?' 하는 자기 비난에 빠진다. 그러면 어떤 상황에서도 자신을 믿지 못하는 태도로 굳어질 위험이 있다.

반면, 따뜻한 말과 공감 어린 피드백은 아이의 뇌에 긍정적인 변화를 만들어낸다. 안정적인 언어적 반응은 아이의 자기 조절 능력과 문제 해결 능력 발달에 긍정적인 영향을 준다. 또한 반복적으로 긍정적인 언어를 경험한 아이들이 스트레스 상황에서 더 빠르게 회복하고, 타인과의 관계에서 신뢰를 형성하는 데 유리하다.

결국 부모의 따뜻한 말은 단순한 위로를 넘어 아이가 자신을 믿고 세상을 긍정적으로 바라볼 수 있도록 돕는 '정서적 면역력'의 밑거름이 된다. 부모의 말은 그렇게 아이의 뇌와 정서 형성 전반에 영향을 미친다. 그리고 아이의 뇌는 자신이 사랑받았던 말과 무너졌던 말을 정확히 구별하며 기억한다. 그래서 해도 되는 말과 하면 안 되는 말 사이의 선을 분명히 해야 한다.

사랑은 마음에서 시작되지만, 언어와 말투로 드러난다. 그러니 가족이라는 이유로 가장 소중한 사람들에게 함부로 했던 말을 돌아보고, 언어의 경계를 철저히 지키자.

아이에게는 부모의
'멘토 마인드셋'이 필요하다

'언젠가는 알아서 하겠지.' 부모라면 자신의 아이에게 품어 보는 기대다. 하지만 아이들은 기다린다고 해서 갑자기 방을 정리하거나, 숙제를 제시간에 하거나, 예쁘게 말하기 시작하거나, 공부를 열심히 하는 경우가 많지 않다. 많은 아이가 스스로 해내기까지 어른의 지속적인 지지와 방향 제시가 필요하다. 또한 아이의 성장은 앞으로 나아가는 듯하다가도 갑자기 멈추거나 다시 뒤로 물러나기도 한다. 부모가 이제는 좀 알아서 하기를 기대하며 이끎을 멈추는 순간, 아이는 스스로 방향을 잡는 과정에서 어려움을 겪을 가능성이 높다.

심리학자 데이비드 예거는 《어른의 영향력》에서 부모가 가져

야 할 태도의 하나로 '멘토 마인드셋'을 제안했다. 멘토 마인드
셋이란 높은 기대와 따뜻한 지지를 동시에 제공하는 것을 말한
다. "잘해 보라"는 말만 던지거나, "괜찮아"라며 무조건 감싸기
만 해서는 아이가 스스로 길을 찾기 어렵다. 부모가 아이에게 기
대를 하되 그 기대에 다가설 수 있도록 곁에서 함께 도와주는 태
도가 필요하다. 이러한 함께하는 노력이 아이를 앞으로 한 걸음
더 나아가게 만드는 힘이 된다.

예거는 이 마인드셋이 부모의 따뜻함이나 엄격함 중 하나만
으로는 충분하지 않다고 말했다. 단지 "넌 잘할 수 있어"라는 격
려만으로도, 혹은 "이건 꼭 해야 해"라는 엄격한 기준만으로도
아이는 앞으로 나아가기 어렵다. 실제로 교실에서 멘토 마인드
셋을 적용해 과제를 다시 써야 하는 학생들에게 단순히 지적하
는 대신 "넌 할 수 있어. 나는 네 가능성을 믿고 있으니까"와 같
이 믿음과 기대를 동시에 전하며 다시 시도할 기회를 제공하자
동기와 성취 향상에 긍정적인 영향을 미쳤다는 연구 결과가 있
다. 이처럼 단순한 격려에 머무르지 않고, 믿음과 기준을 함께
제시하며 실제적인 도움을 더하는 태도야말로 아이가 스스로의
길을 찾도록 이끄는 중요한 힘이 된다.

아이는 혼자 자라는 것이 아니라 곁에서 함께 방향을 잡아주
는 어른을 통해 자신의 길을 찾아가게 된다.

사실 부모는 아이가 태어나던 날부터 이끄는 사람이다. 위험한 물건을 만지려 하면 "안 돼"라고 말리고, "인사해야지"라며 예절을 알려 주고, 잘했을 땐 "잘했어"라고 칭찬해준다. 부모는 그렇게 말과 행동으로 세상의 질서를 알려 주며 아이를 이끈다.

아이에게 아기돼지 삼형제 이야기를 읽어 준 적이 대부분 있을 것이다. 그때 종이로 집을 짓던 첫째 돼지를 가리키며 "이렇게 엄마 말 안 듣고 그러면 안 되는 거야", 벽돌로 집을 지은 셋째 돼지를 가리키며 "튼튼하게 지어야 늑대에게 잡아먹히지 않지" 하며 이야기 속 교훈을 짚어 주었을 것이다. 이처럼 부모는 이야기 하나에도 무엇이 옳은지, 어떤 선택이 좋은지를 자연스럽게 알려주며 아이를 이끈다.

하지만 아이가 자라면서 부모는 '이제는 좀 알아서 해야지'라는 기대를 갖고 조금씩 아이에 대한 이끔을 멈추려 한다. 그런 기대가 현실이 되려면 아이가 스스로 무엇을 해야 할지 알고, 어떻게 해나갈지 판단할 수 있는 준비가 되어 있어야 한다.

발달심리학자 에릭 에릭슨은 인간이 평생 여덟 단계의 심리사회적 과업을 거친다고 말했다. 아동기에는 '근면성 대 열등감', 청소년기에는 '자아정체감 대 역할혼란'이 핵심 과업이다. 유아기, 유년기, 청소년기 등 아이의 성장 시기마다 부모의 역할은 조금씩 달라진다. 아이들은 각 단계에서 전진과 퇴행을 반복한다. 오늘은 의젓해 보이다가도 내일은 다시 아기처럼 굴기도 한다. 그럴 때 부모가 귀찮아하지 않고 다시 손을 내미는 태도는 아이가 앞으로 나아가는 데 중요한 힘이 된다.

나는 아이를 이끌어 주는 일이 왜 중요한지 매년 학부모 상담 자리에서 더욱 깊이 느낀다. 재원생 학부모들과 마주 앉아 아이의 장점과 가능성을 이야기하고, 앞으로 보완하면 좋을 점도 함께 나누다 보면, 부모님들의 반응은 항상 서로 다른 두 방향으로 나뉜다. 한쪽은 "알게 돼서 다행이에요. 이제 아이에게 더 잘 맞게 도와줄 수 있겠어요"라고 말한다. 그 순간 나는 아이가 따뜻한 믿음 안에서 자라고 있음을 확신한다. 반면 같은 설명을 들었지만 "어쩌죠, 선생님 다른 아이들도 그런가요? 우리 아이만 그런 건가요?"라며 불안한 반응을 보이는 부모들이 있다. 그 깊은 걱정과 불안이 고스란히 아이에게 전해질까봐 안타까운 마음이 든다.

같은 정보를 두고도 부모의 태도에 따라 아이에게 전달되는 메시지는 완전히 달라진다. 부모가 아이를 믿고, 함께 방향을 고민할 준비가 되어 있다면 아이는 자신의 속도대로 길을 만들어 갈 수 있다. 이처럼 같은 사실도 부모가 어떻게 받아들이느냐에 따라 아이의 방향이 달라지지만, 어떤 경우에는 애초에 아이의 방향을 함께 고민해 주는 일조차 시작되지 않기도 한다.

가끔 "아이가 싫어하면 저는 안 시켜요"라고 말하는 부모들이 있다. 하지만 아이가 정말 하기 싫어서인지, 아직 방향을 몰라서 그런 건지, 아니면 마음의 준비가 덜 된 것인지 속단할 수는 없다. 어떤 아이는 마음이 열리는 시간이 필요하고, 어떤 아이는 배운 것을 곧장 행동으로 옮긴다. 눈에 보이는 속도가 다르다고 가능성까지 다른 것은 아니다. 당장은 드러나지 않아도 아이 안에는 잠재된 능력이 있다. 그 내면을 믿고, 다시 이끌어주는 일이 바로 부모의 몫이다.

이끌어준다는 것은 대신해주는 것이 아니다. 아이의 하루 계획을 함께 세우며 하루를 설계하는 경험을 주는 일이다. 다양한 학습 방식을 함께 시험해보고, "어떤 방법이 너에게 맞을까?"라고 질문을 던지는 일이다. 새로운 도전을 망설이는 아이에게는 실패해도 괜찮은 안전지대를 마련해 작은 성공의 기억을 쌓게 해주는 일이다.

부모라는 등대가 한 줄기 빛을 비춰줄 때, 아이는 비로소 자신만의 항로를 그리기 시작한다. 이때 중요한 것은 아이 스스로 이 길은 내가 선택한 길이구나라고 느끼도록 돕는 과정이다. 아이가 완전히 혼자의 힘으로 자라는 경우는 드물다. 대부분의 아이는 곁에서 방향을 함께 고민해주는 어른의 이끎을 통해 성장한다. 누군가가 옆에서 방향을 함께 고민해주고, 천천히 걸음을 맞춰줄 때 비로소 자신만의 길을 발견하고, 스스로 걸어갈 힘이 생긴다.

나는 아이의 길에 어떤 빛을 비추고 있는지 생각해볼 필요가 있다. 혹시 멀찍이 서서 '언젠가는 알아서 하겠지'라며 바라보기만 하고 있지는 않은지 한번 돌아보자.

감정의 소통과
감정의 전가를 구별하자

"아이만 중요해요?"

어떤 부모는 그렇게 말하며 한숨을 쉰다. 정말 아이 중심이라서 힘든 것일까, 아니면 늘 감정을 꾹 누르고 살다보니 아이에게조차 조심해야 하는 현실이 버겁게 느껴지는 것일까? 생각해보면, 아이를 먼저 생각하려는 노력은 아이를 특별 대우하겠다는 것이 아니라 아이의 마음을 소중히 여기고 존중해주려는 자세일 것이다. 그것은 내 감정을 아이에게 넘기지 않으려는 부모의 책임이기도 하다.

"왜 내가 늘 조심해야 할까요?" "왜 늘 아이 감정에 맞춰야 할까요?"라는 질문 속에는 어쩌면 이런 마음이 숨어 있을지도 모른다. '나도 감정을 존중받고 싶었다. 하지만 나는 한 번도 그렇게 받아본 적이 없었다.' 다시 말해, 한 번도 돌봄을 받지 못한 내 감정이 누군가를 돌보는 자리에서 흔들리는 것이다.

우리는 자라면서 슬퍼도 함부로 울지 말고, 화가 나도 참아야 하고, 억울해도 조용히 넘기라고 배워왔다. 그래서 표현하고 싶은 감정보다 표현해도 될까라고 두려운 감정이 먼저 떠오를 때가 많다. 그 감정을 참고 견뎌낸 나날들이 있었기에 이제라도 내 감정을 꺼내고 싶고, 이해받고 싶은 마음이 생기는 것은 너무나 자연스러운 일이다. 물론 부모는 "아이 감정을 먼저 생각하자"라는 말이 부모의 입장에서 틀리지 않다는 것을 잘 알고 있다. 그러나 한편으로 내 감정은 또다시 밀려나야 하는 것처럼 느껴져 서운한 감정이 들기도 한다. 이 감정 속에는 아직 돌보지 못한 '나'의 마음이 숨어 있다.

물론, 어른의 감정도 중요하다. 참기만 해서도 안 된다. 하지만 나도 힘들다는 이유로 아이에게 감정을 풀면, 그것은 감정을 나누는 것이 아니라 감정을 넘기는 것이 된다. 아이에게 감정을 표현하는 행동은 괜찮다. 다만 그 감정의 무게를 아이가 대신 짊어지게 해서는 안 된다. 감정은 나누는 순간 관계를 가깝게 만들 수도 있다. 하지만 그 감정이 상대가 감당해야 할 짐이 된다면, 그 관계는 어느새 멀어져버리게 된다.

2022년 방영된 드라마 〈우리들의 블루스〉에서 춘희 할머니가 손녀 은기에게 자신의 아픔을 쏟아내는 장면이 있다. 이 장면을 보며 한 엄마가 말했다. "할머니도 힘드시겠지만, 저렇게 아이 앞에서 감정을 표현하면 그 감정은 아이에게 공포가 될 수도 있을 것 같아." 그러자 남편이 말했다. "당신은 너무 아이 중심으로만 생각하는 것 같아. 할머니가 지금 충분히 힘드시잖아."

물론 어른의 마음도 중요하기에 충분히 존중받아야 한다. 만약 부모의 마음이 무너지면, 그 가정도 함께 무너지게 된다. 하지만 중요한 점은 어른은 힘들어도 감정을 스스로 들여다볼 수 있다는 것이다. 내가 왜 이런 기분인지, 이 감정은 언제 시작되었는지 스스로 되짚어볼 수 있는 이성을 갖고 있다. 시간이 지나면 조금씩 감정이 정리가 되고, 대화를 통해 풀어내기도 한다.

하지만 아이는 다르다. 아이는 어른보다 감정을 해석하는 능력이 충분히 발달하지 않았기 때문에 그 감정을 그대로 받아들이는 경우가 많다. 왜 엄마가 화를 내는지, 왜 할머니가 울고 있는지, 왜 아빠가 갑자기 차가워졌는지를 이해하지 못한 채, 그 감정을 고스란히 자신의 마음속에 흡수한다. 그리고 해석하지 못한 감정은 더 오래 남고, 더 깊게 새겨진다.

아이는 어른의 감정이 자신 때문이라고 오해하기도 한다. 내가 뭘 잘못해서 엄마가 저렇게 힘들어졌나 봐, 내가 착한 아이가 아니라서 아빠가 화를 내는 건가 봐라고 생각한다. 이러한 생각은 아이에게 자책이 되고, 죄책감이 되고, 때로는 정서적 불안을 낳는다. 감정을 이해하고 받아들일 이성을 아직 갖추지 못한 아이에게 어른의 감정은 마치 날씨와도 같다. 벼락이 왜 떨어졌는지도 모른 채 갑자기 무서운 소리에 놀라 웅크리는 것처럼 아이의 내면은 이유를 알 수 없는 감정의 충격에 상처를 입는다.

부모가 아이에게 감정을 표현해서는 안 된다는 말이 아니다. 단지 표현의 방식과 대상을 구분해야 한다는 것이다. 감정의 무게를 그대로 아이에게 건네는 것은 감정의 소통이 아니라 감정의 전가가 된다.

한 초등학교 3학년 아이가 이렇게 말했다. "가끔 엄마가 속상해서 울 때, 나도 같이 울고 싶지만 나까지 울면 엄마가 더 속상할까 봐 웃는 척해요." 그 아이는 울고 싶다는 말조차 꺼내지 못한 채, 어른의 감정을 달래는 역할을 하고 있었다. 엄마가 슬퍼 보이면, 함께 울기보다는 웃는 얼굴을 보여주었다. 또 엄마가 힘들어 보이면, 자기 속마음은 조용히 밀어두었다.

어른들은 아이의 그런 모습을 보고 "아이가 참 어른스럽다"고 말할지도 모른다. 하지만 그것은 어른스러운 것이 아니라 너무 일찍 철이 든 것이다. 아이의 그런 행동은 감정을 잘 다루는 것이 아니라 감정을 억지로 누르는 것으로 볼 수 있다. 그런 감정이 충분히 다루어지지 않을 경우, 이후 이유를 알 수 없는 불안에 시달리거나 과도하게 남의 눈치를 보거나 자기비난으로 이어질 가능성이 있다. 그래서 아이에게 진정 필요한 것은 어른스러운 행동이 아니라 울고 싶을 때 울 수 있는 자유다.

아직 감정을 견딜 준비가 되지 않은 아이가 누군가의 감정을 받아내야 한다면, 그 아이는 자기 감정을 어디에 두고 살아야 할까? 아이에게 감정은 여전히 낯설고, 무겁고, 겁나는 것이다. 그래서 아이는 혼란스러운 상황 속에서도 자신의 감정보다 어른의 마음을 먼저 챙기려 애쓴다. 그건 다정해서가 아니라 아이 마음속에 내가 무너지면 안 돼라는 무언의 책임감이 스며들었기 때문이다. 하지만 그것은 아이가 짊어질 수 있는 무게가 아니다. 우리는 아이가 감정으로부터 자유롭기를 바라지만, 정작 어른의 감정을 가장 먼저 짊어지게 하는 사람이 부모 자신이라는 사실을 자주 잊는다. 부모의 감정 조절과 자녀의 정서 발달 사이의 깊은 관련성은 여러 연구를 통해 밝혀졌다.

《아직도 내 아이를 모른다》에서는 부모가 감정을 조절하지 못한 채 반응할 경우, 아이는 아직 발달 중인 뇌로 그 상황을 공포나 혼란으로 경험할 수 있다고 설명했다. 아이는 감정을 이해하는 법을 배우기 전에 어른의 반응을 먼저 기억하게 된다.

아이가 부모의 감정의 무게를 대신 짊어지게 해서는 안 된다.

아이가 부모의 감정을 받아내는 데 익숙해질수록 자기 감정을 꺼내는 일은 점점 더 어려워진다. 어른은 감정을 해석하고 회복할 수 있지만, 아이는 스스로 해석하기보다 받아들이는 쪽에 가까운 경우가 많다. 그 차이를 인식하는 것은 아이를 내 감정의 무게로부터 지켜내는 첫걸음이다.

내가 먼저 내 감정을 정리해야 하는 이유는 내 아이는 내가 지켜야 할 존재이기 때문이다. 아이의 감정을 존중한다는 것은 결국 내 감정을 먼저 책임지는 것에서부터 시작된다.

아이의 자존감은
부모의 자존감을 통해 자란다

어느 날, 한 어머니가 이렇게 말했다.

"아이 학원 선생님이 저희 아이가 과제를 안 해왔다고 말씀하시는데, 괜히 제가 민망하더라고요. 내가 부족한 엄마처럼 보이지 않을까라는 생각이 들었어요."

부모라면 누구나 공감하는 말일 것이다. 부모는 아이의 실수나 부족함이 곧 자신이 부족한 부모처럼 느껴지기 마련이다. 아이가 실수나 잘못을 하면 부모는 자신이 실수나 잘못을 한 것보다 더 부끄럽게 여겨지기도 한다.

또 한 어머니는 이렇게 털어놓았다.

"아이가 '다른 엄마는 그렇게 안 했대'라고 말할 때마다 속이상해요. 저도 나름 잘해주고 있다고 생각했는데, 그 한마디에 괜히 부정당한 기분이 들어요."

이럴 때 부모를 더 아프게 하는 것은 아이의 말 자체보다 그 말이 건드린 마음속 어떤 감정이다. '내가 잘하고 있다고 믿고 있었는데, 아니었나?' '나름 애썼는데 그게 다 틀렸던 걸까?'

부모가 된다는 것은 옳다고 믿었던 것들이 끊임없이 도전을 받는 일이다. 그러면 부모들은 스스로에게 이렇게 묻는다. '정말 이게 맞는 걸까?' '나는 잘하고 있는 걸까?'

아이를 키우는 과정은 결국 감춰왔던 내면을 다시 들여다보게 되는 여정이기도 하다. 평소에는 잘 몰랐던 감정들이 아이를 통해 자꾸만 드러난다. 자존감은 잘할 때만 유지되는 것이 아니라 실수했을 때 자신을 어떻게 바라보느냐에 따라 드러난다.

부모는 자신의 아이에게 누구보다 헌신하는 존재다. 그런데도 자신이 무력하고 쓸모없는 존재처럼 느껴지는 순간이 찾아올 때가 있다. 어떤 부모들은 헌신을 통해 내면의 안정감을 회복하고 싶어 하기도 한다.

'이만큼 해줬는데, 왜 아이는 몰라줄까?'

'나는 아이를 위해 최선을 다했는데, 왜 이렇게 작아지는 기분이 들까?'

헌신이 결과로 이어지지 않을 때, 우리는 스스로를 실패자로 여기기도 한다. 하지만 자기 존중감은 성과가 아니라 있는 그대로의 자신을 받아들이는 태도에서 생겨난다. 실수하는 자신도 받아들일 수 있을 때, 비로소 자존감은 회복된다. 그렇지 않으면 부모는 아이에게 끊임없이 보상을 구하게 된다.

임상심리학자 크리스 거머 박사는 부모의 자기 연민과 자기 수용 태도가 자녀의 정서 발달과 관련이 있다고 설명했다. 부모가 자신을 어떻게 대하느냐가 아이가 자신을 바라보는 방식에도 영향을 줄 수 있다는 것이다. 부모가 자신을 반복적으로 비난하는 태도는 아이에게도 그대로 학습될 가능성이 높다. 부모가 "내가 부족해서 그래, 나는 왜 이렇게 잘하지 못하는 걸까"라고 자주 스스로를 비난하면, 아이는 그 말의 대상이 자신이 아님에도 불구하고 자신을 긍정하지 못하는 상태로 살아가는 법을 배우게 된다. 자기감정을 그대로 믿기보다 자신을 의심하고 자책하는 방식으로 살아가게 되는 것이다.

반대로, 부모가 실수한 순간에도 자신을 존중하는 모습을 보여준다면, 아이는 실수했을 때 자신을 미워하기보다 어떻게 회복하고 용기를 낼 수 있는지를 자연스럽게 배운다. 예를 들어, 아이에게 감정적으로 소리를 질렀던 뒤에 "아까는 엄마가 너무 피곤했나 봐. 너에게 그렇게 말해서 미안해. 앞으로는 조심할게"라고 솔직히 사과할 수 있다면, 그것은 부모가 자신을 있는 그대로 받아들이고 존중하는 태도다. 자신의 모습을 인정하고 받아들이며 개선하려는 태도를 반복해서 보여줄 때, 아이는 실수하더라도 반성하고 고치면 괜찮다는 감각을 키워간다.

"오늘 지쳤지만 잘 버텼어." "나는 부족하지만, 노력하고 있어." 이런 말을 스스로에게 건넬 수 있는 부모 밑에서 자란 아이는 자신을 다정하게 대하는 법을 배운다.

그래서 아이를 훈육하는 방식 못지않게 부모가 스스로를 대하는 태도 역시 아이의 내면 형성에 중요한 영향을 미친다. 아이는 부모가 자기 자신과 맺는 관계를 지켜보며, 자신과 관계 맺는 방식을 배운다.

심리상담가 셰팔리 차바리 박사는 부모와 자녀의 갈등이 종종 부모 내면의 미해결된 감정과 연결되어 있다고 설명했다. 아이의 행동은 부모의 상처를 비추는 거울이 될 수 있다. 아이의 행동에 과도하게 반응하는 이유는 아이의 행동 자체보다 부모의 상처가 건드려졌기 때문인 경우가 많다. 그래서 아이를 키우며 마주하게 되는 수많은 갈등은 어쩌면 아이를 향한 훈육 이전에 나 자신의 감정과 먼저 만나보라는 신호일 수 있다.

아이가 물건을 자꾸 잃어버리거나, 약속한 일을 지키지 못했을 때 어떤 부모는 크게 화를 내며 감정적으로 무너진다. 이때 무너진 진짜 이유는 아이가 실수했기 때문이 아니라 부모 자신의 내면에서 오래 묵은 목소리가 되살아났기 때문이다. '넌 왜 항상 이 모양이니?'라는 과거의 질책, 실수하면 사랑받을 수 없다는 오래된 믿음, 나는 이런 부모가 되지 않겠다고 다짐했는데 결국 나도 똑같아졌다는 자괴감 등이 복합적으로 얽혀 있는 것이다. 이처럼 아이의 행동은 부모 안에 잠들어 있던 감정을 건드리는 방아쇠가 되기도 한다.

감정을 성찰하는 연습은 아주 작은 습관에서 시작될 수 있다. 하루에 단 5분만이라도 감정을 적어보자. 예를 들어, 다음과 같은 질문에 답을 써보는 것만으로도 효과가 있다.

'오늘 나를 가장 힘들게 했던 감정은 무엇인가?'

'그 감정은 정말 아이 때문에 생긴 걸까, 아니면 내 안의 과거 경험에서 비롯된 걸까?'

'그 감정이 아이에게 어떤 말과 행동으로 흘러갔을까?'

이런 질문들에 대한 답을 매일 짧게라도 써 내려가면, 감정에 휘둘리는 자신을 점차 관찰할 수 있게 되고, 즉각적인 반응 대신 감정을 다스릴 수 있는 여유가 생긴다. 결국 훈육의 핵심은 아이를 바꾸는 일이 아니라 내 감정을 정확히 알아차리는 일부터 시작하는 것이다.

많은 부모가 아이 앞에서 실수한 자신을 감추고 싶어 한다. 그래서 더 당당한 척하거나, 아이의 반응에 예민해지기도 한다. 하지만 자존감이란 완벽한 모습을 지키는 것이 아니라 실수한 뒤에 회복을 선택하는 태도다.

"아까는 너무 화가 났던 것 같아. 너한테 그렇게 말해서 미안해."

"엄마도 힘들 때 어떻게 해야 하는지 아직 배우는 중이야."

이렇게 말할 수 있는 용기가 아이에게 진짜 자존감을 가르치는 출발점이다.

부모가 부족한 자신을 감추기보다 부끄러운 자신도 안아주는 모습을 보여주고, 자신을 받아들이는 모습을 보여주면 아이 역시 실수를 두려워하기보다 자신을 받아들이는 힘을 조금씩 키워갈 수 있다.

부모의 마음에도
아이가 살고 있다

"나는 원래 이런 사람이야."

이 말을 들으면, 뭔가 더는 말이 통하지 않을 듯한 느낌이 든다. 그 말 한마디로 모든 대화가 멈춰버린다.

"어릴 때부터 감정을 표현하지 못해서 그래."

"너무 혼나면서 자라서 그래."

"눈치보고 살아서 그래."

물론 어릴 적 경험이 사람의 정서적 반응 습관과 대응 방식을 만든다는 것은 분명한 사실이다. 늘 참고 견디며 자란 사람은 표현이 서툴고, 늘 눈치를 보며 자란 사람은 먼저 자신을 방어하는 말이 습관처럼 나오기도 한다. 그렇게 과거의 기억은 현재의 행

228

동을 만들어낸다. 하지만 "나는 원래 이런 사람이야"라는 명목
이 아무것도 바꾸지 않겠다는 이유가 되어서는 안 된다.

한 아버지는 상담 중 이렇게 말했다. "아내는 늘 그래요. '나는
원래 그렇게 자랐어, 어쩔 수 없어' 하면서 그냥 넘기거든요. 아
이한테 상처 주는 말도 자기는 어릴 때부터 그런 식으로 배웠다
고만 하고요. 정작 미안하다는 말은 잘 안 해요. 뭐라도 바꿔보
려는 모습이 보이면 저라도 덜 지칠 텐데 결국엔 제가 다 이해해
야 하는 상황이 반복돼요. 그게 너무 힘들어요."

또 한 어머니는 이렇게 털어놓았다. "남편은 늘 그래요. 자기
는 원래 감정 표현을 잘 못 한다고요. 그래서 아이가 상처를 받
아도 그냥 가만히 있어요. 아이 마음은 아직 안 풀렸는데도 본
인은 아무 일 없었던 것처럼 행동하니까 저도 너무 답답하죠.
'난 원래 그런 사람이야' 그 말 한마디면, 대화는 거기서 끝나버
려요."

이런 모습은 단지 한 가정만의 문제가 아니다. 과거의 상처를
이유로 지금의 태도를 정당화하는 모습은 우리 주변 어디에서
나 발견된다. 김불꽃 작가는《이제 꿈에서 깰 시간입니다》에서
어릴 적의 경험을 내세워 타인을 통제하려는 태도는 아직 자신
의 감정을 온전히 책임지지 못한 상태일 수 있다고 말했다.

또한 심리 치유서《내 안의 어린아이가 울고 있다》에서는 어

린 시절의 상처가 마음속에 남아 지금의 감정 반응과 관계에 영향을 줄 수 있다고 말한다. 누구나 마음속에는 상처받은 채 멈춰 있는 어린 시절의 내가 있다. 몸은 자랐지만, 그때의 감정은 여전히 현재의 나를 흔들기도 한다. 지금의 내가 어떤 상황에 지나치게 방어적으로 반응하거나 감정이 격해진다면, 그것은 약해서가 아니라 아직 안아주지 못한 그 시절의 마음이 남아 있기 때문이다.

미국의 정신과 의사 브루스 D. 페리 박사와 오프라 윈프리의 공동 저서 《당신에게 무슨 일이 있었나요》에서는 어린 시절의 경험을 이해하는 것이 치유의 출발점이라고 말한다. 페리 박사는 우리가 겪은 일은 우리의 잘못이 아니지만, 그것이 현재의 행동을 정당화하는 이유가 되어서는 안 된다고 강조했다. 어린 시절의 상처는 우리가 선택한 것이 아니다. 그때의 우리는 너무 어렸고, 마음을 어떻게 다뤄야 하는지도 배우지 못했다. 그래서 견디는 방식을 익혔을 뿐이다. 그 상처는 우리의 잘못이 아니다. 그러나 이제는 그 상처를 어떻게 다룰지 선택할 수 있는 어른이 되었다.

내 안의 아이는 자주 모습을 드러낸다. 화를 참지 못하거나 이유 없이 불안할 때, 잊고 지내던 어린 시절의 감정이 다시 떠오른다. 그런데 그 존재를 외면할수록 그것은 나의 그림자가 되어

나를 쫓아다닌다. 그래서 내 안의 어린아이와 당당하게 마주해야 한다. 그 시절의 나에게 아무도 해주지 않았던 말을 건네야 한다. "정말 힘들었지. 누구한테 말할 수도 없었고, 혼자서 얼마나 힘들었니."

이 한마디는 단순한 위로가 아니다. 그때의 감정을 지금의 내가 인정하는 일이다. 외면했던 마음을 마주하는 순간 마음의 치유가 시작된다. 이 변화는 아이를 잘 키우기 위한 선택이 아니라 나와 가족을 지키기 위한 책임이다. 과거의 감정에 머무르면 어떤 상황에서도 그때처럼 반응하게 된다. 아무리 좋은 관계 속에 있어도 마음이 채워지지 않고, 아이에게 사랑을 주려 해도 자꾸 내 방식대로만 다가가게 된다. 멈춰 있는 그 시절의 나를 인정하지 않으면, 우리는 여전히 과거의 방식으로 반응하게 된다.

과거가 현재를 가로막는 대표적인 심리 기제 두 가지가 있다.

첫째는 '감정적 방치(CEN, Childhood Emotional Neglect)'다. 부모가 아이의 감정에 반복적으로 반응하지 않으면, 아이는 자신의 감정을 느끼고 표현하는 법을 배우지 못한다. 이런 아이는 겉으로는 멀쩡해 보이지만 커서도 내 감정은 중요하지 않다는 무력감을 품고 살아간다.

둘째는 심리학자 마틴 셀리그만이 제시한 '학습된 무기력(Learned Helplessness)'이다. 반복적인 좌절과 실패는 아무리 해도 안 된다는 믿음을 만들어낸다. 감정이 무시당한 경험이 많을수록 감정을 해결하려는 시도는 어차피 소용없다는 생각으로 이어지게 된다.

이 두 가지가 결합되면, "나는 원래 이런 사람이야"라는 방어막으로 쉽게 숨어버린다. 하지만 그 방어막은 상처를 가릴 수는 있어도 결코 자신을 치유하지는 못한다.

아이의 감정을 인정하는 것도 마찬가지다. "왜 그래?"라고 묻기보다 "속상했겠다", "무서웠구나"처럼 지금 느끼는 감정을 먼저 받아주는 한마디를 함으로써 효과는 크게 달라진다. 울음을 멈추게 하려고 애쓰기보다 아이 곁에 조용히 함께 있어주는 것만으로 아이에게는 가장 큰 위로가 된다.

무기력도 마찬가지다. '내가 뭘 해도 소용없다'는 마음은 사실 아주 작은 경험에서부터 조금씩 바뀌기 시작한다. 예를 들어, 하루 중 단 한 번이라도 '지금 나는 어떤 기분일까?'라고 자신에게 물어보면 그동안 무시해온 자신의 감정에 점차 귀 기울이게 된다. 기분을 묻는 순간, '그냥 참자'라고만 했던 마음이 '아, 나 지금 서운했구나', '지쳐 있었네'라고 스스로의 감정을 이해하는 창구가 된다.

감정을 알아차리는 것만으로도 불필요한 화를 줄이고, 같은 실수를 반복하지 않을 수 있다. 그리고 정말 중요한 것은 감정과 나를 구분해서 바라보는 연습이다. 화가 났다는 것은 지금의 감정일 뿐 '나는 나쁜 부모'라는 증거가 아니다.

마틴 셀리그만은 "무기력에서 벗어나기 위해서는 작은 통제 경험을 반복하는 것이 중요하다"고 말했다. 모든 것을 바꾸려 애쓰기보다 오늘 한 박자 늦게 말해보자. 과거의 감정은 지워지지 않지만, 그 감정이 흘러가는 방향을 지금의 내가 선택할 수 있다.

"나는 원래 이래" 대신 "나는 여기서부터 다시 시작하겠다"라고 말하는 그 순간, 부모 안의 아이도 함께 자라기 시작한다.

아이가
이런 기분일 때는
이런 음악을 들려주세요.

아이는 말로 자신의 마음을 설명하는 것이 쉽지 않다. 울적함, 분노, 불안은 먼저 몸과 표정, 행동으로 나타난다.

피아노를 가르치며 아이들 곁에 오래 머무는 동안, 나는 음악이 아이의 마음을 가라앉히고, 풀어내고, 다시 움직이게 하는 장면을 수없이 보아왔다. 음악이 어떤 아이에게는 위로가 되었고, 어떤 아이에게는 감정을 조절하는 연습이 되었으며, 어떤 아이에게는 회복의 방향으로 움직이게 했다.

다음의 곡들은 말보다 먼저 아이의 마음에 닿을 수 있는 음악 리스트다.

 ## 마음이 울적하고 이유 없이 처질 때
(말로 표현하기 어려운 감정이 쌓여 있을 때)

- **Gymnopèdie No.1** — 에릭 사티
  생각이 많아질 때, 감정을 밀어내지 않고 그대로 머물 수 있게 해주는 음악

- **Clair de Lune** — 드뷔시
  불안한 마음을 부드럽게 감싸안아주는 밤의 음악

- **Kinderszenen Op.15 No.7 '트로이메라이'** — 슈만
  아이의 마음을 어린 시절의 안전한 기억으로 데려가는 곡

 ## 화가 나 있거나 마음이 거칠 때
(짜증, 분노, 억울함이 쌓여 있을 때)

- **Sonatina in G Major Op.36 No.2** — 클레멘티
  거친 감정을 리듬 속에서 정돈하도록 돕는 음악

- **Turkish March** — 모차르트
  에너지를 안전하게 발산하게 해주는 명확한 구조의 곡

- **Invention No.8 in F Major** — 바흐
  복잡한 감정을 질서 있는 흐름으로 정리해주는 음악

불안하고 걱정이 많을 때
(앞일이 두렵고, 질문이 반복될 때)

- **Nocturne Op.9 No.2**　　　　　　　　　　　쇼팽
  긴장을 풀고 호흡을 느리게 만들어주는 음악

- **Spiegel im Spiegel**　　　　　　　　　　아르보 패르트
  가만히 틀어두기만 해도 마음이 차분해지는 음악

- **Salut d'amour**　　　　　　　　　엘가 (피아노 편곡)
  '괜찮다'는 감정을 조용히 전해주는 음악

마음을 차분히 가라앉히고 생각을 정리하고 싶을 때
(생각을 마무리하고 싶을 때, 질문 뒤에)

- **Piano Sonata No.16 K.545**　　　　　　　　모차르트
  생각의 흐름을 또렷하게 정리해주는 음악

- **Arabesque No.1**　　　　　　　　　　　　드뷔시
  감정과 생각이 자연스럽게 연결되도록 돕는 곡

- **The Well-Tempered Clavier Prelude No.1**　　　바흐
  하루를 마칠 때 마음을 안정적으로 끝맺게 하는 음악

마음이 가벼워지고 다시 힘을 내고 싶을 때
(회복 이후, 다시 나아가고 싶을 때)

- **Spring** 비발디 (사계 중 '봄', 피아노 편곡)

  다시 시작할 수 있다는 감각을 깨우는 음악

- **Sonata in C Major K.279** 모차르트

  밝은 에너지와 안정감을 동시에 전해주는 곡

- **March of the Toys** 허버트

  아이의 몸과 마음을 다시 움직이게 하는 음악

음악은 말보다 먼저 아이의 마음에 닿을 수 있는 언어다!

내 마음과 내 안의 감정을 깊이 들여다보고
내 자신을 꼭 안아주는 편지를 써보세요

부모의 감정은 어떻게 아이의 삶이 되는가?

마음의 대물림

초판 1쇄 발행 2026년 4월 20일

지은이 조민희
펴낸곳 보아스
펴낸이 이지연
등　록 2014년 11월 24일(No. 제2014-000064호)
주　소 서울시 양천구 목동중앙북로8라길 26, 301호(목동) (우편번호 07950)
전　화 02)2647-3262
팩　스 02)6398-3262
이메일 boasbook@naver.com
블로그 http://blog.naver.com/shumaker21
유튜브 보아스북 TV

ISBN 979-11-89347-29-1 (03180)